すっきり伝わる
シンプルな技法

言いたいことは1分にまとめなさい

250字以内

新田祥子
Shoko Nitta

明日香出版社

はじめに

■「長く話せることが素晴らしい」という思い込み

私がなぜ、この『言いたいことは1分でまとめなさい』という本を書いてみたいと思ったのかというと、実は多くの人が「長く話せば伝わる」、あるいは「長く話せることは素晴らしい」と思い込んでいる、そのことに気づいたことがきっかけでした。

主宰する「あがり症克服講座」には、あがり症で悩む人がたくさん参加しますが、スピーチ後の自己評価のときに、「ドキドキしていない点は良かったのですが、話が短かった点がダメでした」とか、「もう少し長く話せたら良かったのにと思います」という声がたくさん届きます。

その中には、「あがり症で話を早く終わらせたくて、話の中身をできるだけ短くしてしまう。だから言いたいことも最後まで言えないし、仕事でも損をしている」

とネガティブに捉え、自己否定感を強くしてしまっている人もいます。

そのたびに、「短いから悪い、長いから素晴らしいというわけではありません。自分が何を伝えたいのかを明確にし、その思いが伝わる伝え方ができれば良いのです」と説明するのですが、話すことに対するコンプレックスが強くあるために、長く話せることが良いという錯覚はなかなか消えないようです。

■私自身にもあった長く話せることへのコンプレックス

思えば私にも、長く話せないことに対するコンプレックスがあったように思います。

今では2時間の講演や4時間のセミナーを難なくこなし、その間ずっと話し続けることもある私ですが、過去はまったくそうではありませんでした。

どちらかというと、友だちと遊ぶよりは本を読んで過ごす方が好きなタイプでしたので、小さい頃から言葉数が少なく、日常生活の中でも自分の意見を述べたり反論するということはありませんでした。

よく言えば素直でいい子。しかし、頑固で融通がきかない部分もありますので今から思えば社会性がなく、どちらかというとちょっとやっかいなタイプだったのではないかと思っています。

■社会人になって学んだ「主張する」ということ

実は、私が主張することを学習したのは30代になってから。編集者との打ち合わせを通してだったように思います。

その編集者はよく、「○○のほかに、新田さんの方で何か案などありませんか?」と質問してくれました。

そのたびに私は、「○○という方法や、○○という案もありますけど、どうでしょうか」と返しましたが、このやりとりの中で自分の意見や考えを相手に伝える、主張するということを学習していったように思います。

その仕事をする前は、新聞社や系列のテレビ局などでも書く仕事はしてきましたが、仕事は常に受け身、誰も私に意見など求めません。

相手が私に期待しているのは、意図や企画内容をよく理解し、そのニーズを雑誌や構成に反映させること。そのように理解し仕事をしてきました。

そのため頭の中であれこれ考えることは大丈夫でも、口頭で何かを伝えることは苦手。中学生の頃は妹とのケンカでも手紙で伝えていたほど、口頭で伝えることは不得手でした。

しかし、20代の頃からたくさんの人に会い、取材原稿を書いてきたことや、あがり症と話し方の専門家として多くの人のスピーチを聞いて指導してきた現在では、話が長いことが素晴らしいとはまったく思っておりません。

むしろ話は短い方が良くて、内容のある短い話を積み重ねて長いのであれば、さらに良いと考えています。

長くなればなるほど要点が見えなくなり、何も伝わらないような伝え方では意味がありません。

■「話す」ことへの悩みは年齢を問わない

コロナ禍の現在は対面での講座はお休みさせていただいていますが、ZOOMでの個人レッスンは行っています。ほとんどは国内からのお申し込みですが、ときには海外赴任中の方からご連絡をいただくこともあります。

受講者の年齢はさまざまで、役職に就いて人前で話す機会が増えたという中堅ビジネスマンや、毎週のようにプレゼンがあるのだけれど、自分の話し方がこれで良いのかどうか分からないという若い人まで年齢を問いません。ときには中学生や高校生からお申し込みをいただくこともあり、つい先日は小学生のレッスンも行いました。

実に多くの人が話し方の問題で悩んでいることを実感します。

■対面レッスンとほぼ変わらないオンラインレッスン

ご連絡をいただく方法にはメールと電話の両方がありますが、実は、メールの文章を読むだけで、あるいは電話で話をするだけで、悩みの原因がどこにあるのか、どうすれば解決できるのかが分かってしまうことがあります。

たとえば文章ですと、句読点の打ち方や行間の取り方、また言葉のチョイスなどから日頃の考え方の傾向や情報整理力が分かりますし、電話で実際に声を聞くと舌やアゴの動かし方や息継ぎなどが分析でき、そこから解決法が見えてくることもあります。

また、オンラインでのレッスンでは、対面時のような細かな観察はしにくいですが、それでも対面のレッスンと変わらないレッスンができるよう心がけています。たとえば、相手の状況や問題点をより深く理解するために、ヒアリングやカウンセリングに多く時間を取るようにしています。

また、私の実践レッスンでは、舌を使って言葉を作る、アゴを使って話す、アゴを止めてスピードをコントロールする、などのトレーニングを行いますが、オンラインだと口元がやや見えにくいため、対面時よりは少しトレーニング時間が長くなるかもしれません。

レッスンとしては対面とほぼ変わらない内容で行うことができ、この本が発売される3月ぐらいからは、グループでのセミナーも開催する予定でいます。

■シンプルで分かりやすく伝える技術を身につける

考えや意見を伝えようとするとき、私たちは誰かに伝え方を教わったわけではなく、小さい頃からのなんとなくの習慣で行っています。

それが上手にできている人とそうではない人がいて、上手ではない人は、意図したことと違うように伝わってしまう、会議やミーティングで、考えや意見をうまく言葉にできないなどと感じ、カウンセリングにおいでになる方もいます。


本書では、自分の思いや考えを思いのままに表現でき、「シンプルで分かりやすく伝える」という視点で執筆しました。

また、コミュニケーションの問題として捉えるだけでなく、人間科学に基づいた原因や解決法も紹介していますので、これまで知らなかったことや、ハッとするような気づきを得ていただけると思います。

言葉は力、言葉は人生を拓くエネルギー源です。

ビジネスでもプライベートでも役立ち、活用していただけることを願います。

もくじ

第2章 あなたの話はなぜ伝わらないのか、原因が分かると解決法が見えてくる

第3章 「伝わる人」の話はココが違う

第4章 伝わるスピーチ＆プレゼンのコツ

第5章 さらに「伝わる人」になる、とっておきの技

第6章

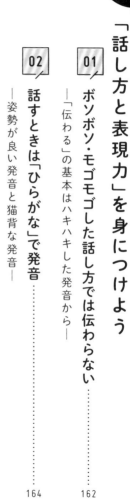

伝えるスキルを活かす「話し方と表現力」を身につけよう

ブックデザイン　山之口正和＋沢田幸平（OKIKATA）

第1章

1分にまとめる技術
（「伝わる人」の手法はものすごくシンプル）

2020年は新型コロナウイルスで世界が大変な困難に陥りましたが、
その中でも、小池百合子東京都知事のメッセージは
とても分かりやすかったです。
ソーシャルディスタンス、ステイホーム、3密、5つの小、
どの言葉もとてもシンプルで、コロナ対策のために
私たちがとらなければならない行動がイメージでき、よく伝わりました。

第1章では、1分で伝えるための技法を、
さまざまな視点からお伝えします。

01

1分は思いのほか長く話せる

―アナウンサーは300字、一般人は250字がおすすめ―

1分は、思いのほか長く話せます。

どれぐらい話せるのかというと、アナウンサーの場合は300字と捉えられているようですが、私が個人的に皆さんにおすすめする文字数としては250字です。

アナウンサーと一般の人で文字数が異なる理由は、アナウンサーは発音や発声法など、話し方に関するさまざまなトレーニングをしていますが、一般の人は話し方のトレーニングなどしていない人がほとんどだからです。

アナウンサーと同じスピードで話そうとすると滑舌が悪くなり、言葉が聞き取りにくいなどのトラブルが発生しやすいため、アナウンサーよりは少なめの250字をおすすめします。

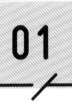

以下に、私が個人的に行った、１分でどれぐらい話せるのかのデータをご紹介します。皆さんも、１分の感覚をなんとなく掴んでみてください。

初対面の挨拶の場合を例に数値を見ていきますが、その前にひとつだけ。日本語は拍言語であること、読むときの文字量と話すときの文字量では異なることを前提に、理解を進めてください。

●ひらがな17文字で2秒〜5秒の差が出る

「はじめまして、新田祥子と申します」という挨拶は、「はじめまして、にったしょうこともうします」と17拍※で発音します。

この17拍（17字）を伝えるのに、何秒かかるのか、最初に見てみましょう。

（※拍とは、ひらがな一文字を一拍と捉える考え方で、「にっ」や「しょ」は一拍としてカウントします。詳細は１７０ページから解説しています）

対人場面で会話をするときの話し方で挨拶した場合、2秒強でした。

次に、丁寧に挨拶することを意識した場合は、4秒弱でした。

4秒弱の話し方は、NHKの夜7時のニュースを伝えるアナウンサーの発音とスピードをイメージしていただくと、より近いかと思います。


さて、4秒で17拍発音したということは、ざっくりの計算ですが1秒に4拍（＝4字）発音していることになり、60秒だと、60×4で240拍（＝240字）の計算になります。

つまりNHKの夜7時のニュースのアナウンサーのような話し方だと、1分間に約240字伝えることができるということになります。


また、スピードは同じでも、間の取り方でも文字数が違ってきます。

「はじめまして」の後と、姓と名の間に間を取り、「はじめまして、にった、しょうこと、もうします」と話すと、およそ5秒かかります。

この場合は1秒に3・4拍（3・4字）となり、60秒だとおよそ204拍（204字）

の計算です。

●実際に１分でスピーチをしてみよう

では１分でどれぐらい話せるのか、私の自己紹介で検証してみましょう。

《自己紹介例》

はじめまして、新田祥子と申します。

私は、あがり症と話し方の専門家として、セルフコンフィデンスという話し方教室を開いております。

この教室の特徴は、大きく２つあります。ひとつはあがりを脳の機能の問題として捉え、理論が構築されていること。ふたつ目は、認知行動療法と独自の理論で、最初のスピーチからドキドキせずに話すことが実現できることとです。

私自身が人前で話すことも人と話すことも苦手で、大学を卒業してからは就職を

**せずに、フリーで仕事をしておりました。
あるとき話し方教室に行き、その指導内容に疑問を感じたことが、セルフコンフィデンスを開くきっかけとなりました。**

私が普段、10名前後の人の前で話しているスピードで自己紹介すると、55秒でした。

また、広い会場での講演会で、ひとり一人の顔を見ながら間を取り、全員に声が届くように話すと、1分20秒ぐらいかかります。

皆さんのタイムはいかがでしたでしょうか？　ぜひタイムを計って、検証してみてください。ちなみに、文字数は２５２文字、話し言葉だと３０９拍です。

●相手や会場によってスピードを変えて話す

1分と言っても、スピードや間の取り方によって、伝えることが可能な文字数はずいぶん違ってくることが分かりました。

実は、私が主宰する「あがり症克服講座」では、ドキドキせずに話せるようになったら、スピードを変えて話すトレーニングをします。

ぜひ皆さんも、聞く人の年齢や会場の広さに合わせてスピードをコントロールして話せるよう、タイムを計りながら練習をするようにしてみてください。

ＴＰＯに合わせて話し方を変えることができるスキルは、あなたに大きな自信をもたらしてくれるはずです。

02

1分で伝えるスキル、なぜ必要？

―長い話では集中力が続かない―

そもそもなぜ1分で話さなければならないのか。

理由は簡単です。長い話では、聞いてもらえないのです。

●短い話でも意識はほかへと浮遊してしまう

手前味噌で恐縮ですが、講演やセミナーで、〝分かりやすい〟とか〝とても納得できました〟などの言葉をいただくことが多いです。

ところが、実はセミナーが進んでから、〝これ、前に話したんだけどな〟と思うような質問を受けることがあります。

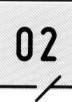

こちらとしては、「一度話したことは覚えているもの」と思い込んでいたのですが、あるときふと、人は聞いているようで聞いていないということに気づきました。話を聞きながらも、意識はほかのことへと浮遊して、友人との約束や仕事のことなどを考えていたりするのです。

つまり、**人の意識はそれほど長く、ひとつのことに集中できない**のです。

一説には、集中力は15分周期という話もありますが、たぶんその15分の間も、意識はあちこちに浮遊しているはずなのです。

しっかり言葉を相手に届けるためにも、やはり1分でまとめるスキルは必須。10分で話すことも、2時間かけて話すことも、すべては1分でまとめる力からスタートするのだと考えます。「伝わる」人は、その辺りのことをよく分かっていて、常に短い言葉で端的に伝えることを実践しています。

03

1分でしっかり伝え、人を動かす

―「聞く、納得する、動く」のスリーステップで―

言葉はしっかり相手に伝わってこそ、価値が生まれます。伝わらなかったらそれは、言っていないのと同じこと。人を動かすことはできずに、コミュニケーションはクローズしてしまいます。

●明確な意図と目的で人を動かす

組織はチームでもあるので、全体をみながらチームの目的や個人の役割に沿って人を動かし、目的を達成していかなければなりません。自分の意思や意見をしっかり伝えてこそ、リーダーシップが発揮できます。

そして、人を動かすためには、「**聞いてもらう、共感してもらう、動いてもらう**」

のスリーステップは必須。論理だけでは共感できないし、共感だけでは動けないのが人の複雑さです。

言い換えれば、人を動かすことはそれほど難しいということの証左でもあります。相手にしっかり言葉を届け、聞いてもらうためには、自分が叶えたい目的が明確であること。その目的を達成するために、いくつの手段と方法があるのかを、じっくり考えること。考えたことをどのような言葉と行動で伝え、相手の共感を引き出すかが肝要です。

文字にすると大変な戦略家のように見えますが、多くのビジネスパーソンはこれらの思考のスケジューリングを、日々の生活の中で自動的に行っています。違いは、そのことに気づいているか、気づいていないかだけです。

簡潔で的確な言葉が相手に浸透したとき、心が動き、行動につながります。

04

長い話を1分でまとめるコツ

―「結論+理由」で伝える習慣を作る―

長い話を一分でまとめるコツは、「結論と理由」をセットにした伝え方を習慣にすること、「過程」の話はしないことです。

●過程から話したがるのは本能

事前情報を与えずに、セミナー受講者に「私の好きなこと」というテーマでスピーチをしてもらうと、大体次のような内容になります。

スピーチA

私の好きなことについてお話します。

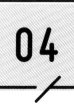

中学生の頃にあるアイドルグループに出会い、それ以来ずっと音楽が好きで、高校生の頃は同級生とバンドを組んだりしてハマっていました。

今はバンド活動はしていませんが、音楽はずっと好きで、仕事で疲れたときは部屋で聴いたり、好きなアーティストのコンサートに行ったりして、今も楽しんでいます。


理解しやすくするため、句点「。」のところで改行しました。

やや焦点はぼやけていますが、内容的には問題はありませんね。音楽が好きなのかな……と思いながら、最後まで聞き終えて初めて、音楽が好きなんだと納得できる伝え方です。

しかし残念ながらこの伝え方では、人の気持ちを動かすことはできません。

この話を、次のような順番で伝えたらどうでしょうか。

スピーチB

私の好きなことについてお話します。

私の好きなことは、音楽を聴くことです。

なぜかというと、音楽で癒やされることが多いからです。

中学生の頃にあるアイドルグループに出会い、それからずっと音楽が好きで、高校生の頃はバンド活動もしていました。

今は部屋で聞いたり、コンサートに行ったりしながら楽しんでいますが、音楽は今も私の癒やしになっています。


こちらも分かりやすいように、句点「。」のところで改行しています。

比較するまでもなく、Bの方が「音楽が好き」ということが最初の言葉でスッキリ頭の中に入ってきて、最初から納得しながら聞くことができます。

AとBの違いは、Bの方は課題に対して**結論と理由をひと言で述べていること**。

このひと言で聞く人の納得という感情を引き出しています。

それに対してAは、背景から説明しているので、最後まで聞かないと納得という感情を引き出すことができず、残念な伝え方になっています。

●相手が聞きたいのは結論と理由

多くの場合、どれだけ大変だったか、どのように問題を解決したかなど、結果に至るまでの過程から話したくなります。というのも、人の意識は常に、自分にとって大変だったことや辛かったことに向いているため、つい自分が話したいことから話してしまう罠に陥りやすいのです。


しかし相手がまっ先に知りたいのは、常に結論と理由。

ビジネスシーンなどでも、多忙な中で、複雑で頻繁な情報交換を行わなければならない場面は多くあります。

結論と理由をセットにしたコミュニケーションが習慣になると良いですね。

05

小池都知事の話はなぜ分かりやすいのか

─ キャッチーなひと言で行動を促す ─

小池都知事の、「ソーシャルディスタンス」や「ステイホーム」は、とても分かりやすかったと思います。

英語が分からない人でも、一度日本語での理解が進むと、すぐに頭の中で具体的なイメージができ、日常の行動に活かすことができました。

実は、この「ソーシャルディスタンス」や「ステイホーム」という言葉にこそ、ビジネスで役立つメッセージ力があります。

このようなキャッチーな言葉の見つけ方には、何か方法があるのでしょうか。

●キャッチーなひと言の見つけ方

言葉のセンスと言われればそれまでですが、このキャッチーなひと言は、〝**課題と結論**〟という論理的な考え方から導き出した言葉です。

ソーシャルディスタンスやステイホームというひと言も、「コロナウイルスに罹患しないために何をするか」を課題に、〝社会的距離を取りましょう〟、〝お家で過ごしましょう〟、と導き出した結論なのです。

私の記憶に残っているキャッチーな言葉を２つ、ご紹介します。

そこから結論のひと言と課題を推測してみましょう。

「一瞬も一生も美しく　――資生堂」

この言葉は、資生堂という化粧品会社の理念がとてもよく表現されていて、最初に見たときに、とても感動したことを覚えています。

言葉が描く世界が私の中で一冊の本となり、さまざまな女性の物語がイメージとなって広がりました。

課題は、「資生堂が皆さんに提供したいもの」だったのではないかと想像します。

「味ひとすじ　永谷園　――永谷園」

この言葉はテレビでよく目にしていたと思うのですが、永谷園という会社の歴史や実直さが短いフレーズで表現されていて、頭の中にスッと入ってきます。永谷園と聞くと〝味ひとすじ〟という言葉が条件反射のように浮かびます。

〝味ひとすじ〟から想像する課題は、「永谷園という会社をひと言で表現する」だったのではないかと考えますが、正解かどうかは分かりません。

心を捉える覚えやすいひと言は、課題の推考から生まれた結論であること。職場でこのスキルが発揮できたら、あなたの伝え方は大きく変わります。

06 複数の視点で捉え、話を展開する

―「いつ、どこで、誰が」の発想で―

私が主宰する「あがり症克服講座」では、頭で考えたことを口頭で伝えるための整理法として、誰でも論理的な伝え方ができる「五段階情報整理法®」でスピーチを作ります。

五段階情報整理法の基本は、「課題＋結論＋理由」で物語を作っていくことにありますが、そのときにポイントとなるのが、**人が持つ疑問に注目し、その疑問を解消する伝え方をすること**です。

ここでは人の疑問に注目し、発想を広げながら結論へと導く方法についてご紹介したいと思います。

●いつ、どこで、誰が、で発想が広がる

方法といっても、それほど難しいことではありません。人は〝刺激と反応〟の動物なので、課題に対する結論を導き出す際も、疑問詞を使ったQ＆A方式にすると、答えが見つけやすくなります。

人の疑問は、〝**いつ、どこで、誰が、何を、なぜ、いくらで、どのように**〟の7つ。このうちの、〝いつ、どこで、誰が〟を使えば、いろいろな角度からものごとを見て考えることができ、幅広い発想が可能になります。

プレゼン資料のスライドではないのですが、「いつ、どこで、誰が」が曖昧だといかに伝わらないかを示す例文を紹介します。

ある日、上司から次のような説明がありました。皆さんはどのように行動に移すでしょうか。

「このたびA社における販促活動について、プレゼンすることになりました。ちなみに五社競合です。つきましては皆さんと力を合わせ、ぜひこのプレゼンを成功させたいと考えていますので、来週までに企画書を私のところに提出してください」

長い付き合いのある取引先なら、このような曖昧な伝え方でも、部下は自分なりに理解・解釈して、企画書をまとめてくるかもしれません。

しかし、結果的に良い企画書が作れずにマイナス評価をされてしまったとしたら、部下に同情しますね。原因は部下の企画書にあるのではなく、大事なポイントを押さえずに不明瞭な情報を伝え、企画を考えさせた上司にあるのですから。

もし同じ内容を、次のように伝えられたらどうでしょうか。

「このたびA社の新商品○○の販促活動のプレゼンをすることになりました。ちなみに五社競合です。競合五社のデータと新商品の詳細資料は、明日までに皆さんに

メールで送ります。

なおA社の担当者は、○○さんです。3ヶ月前に××から異動してきた人で、販促活動についての経験はほぼゼロと判断して良いかと思います。また、部下に△△という人がいて、この人は販促経験○年のベテランです。打ち合わせなどメインの窓口はこの△△さんになると思われます。

商品の詳細情報が届く前に、それぞれで独自に調べて構わないので、○日○時までに企画提案書を2案作って、私にメールで送ってください」

このように伝えられたら内容が具体的で、行動に移しやすくなります。

競合五社それぞれの特徴を調べて、相手がどのような内容で提案するかの予測が立てられ、事前にある程度の商品情報が分かっていれば、さまざま視点から販促活動の切り口を考えて企画書を作ることができます。

相手は常に、「自分は何をすれば良いのか、不足している情報はいつ届くのか、いつまでに提出するのか」など、**行動に対する疑問を持ちながら聞いている**もの。それを意識しながら伝えると、自ずと伝え方が違ってくるのではないでしょうか。

同じように、販促活動についてのプレゼン資料を作るときも、

- **誰に対する資料を作るのか**
- **相手はどのような立場の人たちか**
- **相手はこのプレゼンに何をいちばんに求めているのか**
- **相手の販促活動の専門知識はどれぐらいあるのか**

などの視点で疑問を解消しながら資料作りをすれば、聞き手の興味を喚起しながら感動と納得を引き出すプレゼンができるはずです。

07

論理と感情に訴求し1分で伝える

―話の筋道を通す接続詞―

論理的に話すことは苦手だ、という人は多いと思います。そもそも概念として論理とは何かの解がないため、論理的に話せているのに、そのことに気づいていない人もいます。

●論理とはものごとの法則的なつながり

論理とは何か。

私は、〝論理とは、**ものごとの法則的なつながり**〟と定義しました。

法則性は５Ｗ２Ｈによる疑問解消、つながりは接続詞です。

要約すると、５Ｗ２Ｈで疑問を解消し、内容に疑問の余地がないほど筋が通っていて接続詞でつなぐことができれば、論が通るというものです。

また、論理的であることが〝正しさ〟を示すものではなく、論理的であっても正しくないこともあります。


一方で、論理力は説得力とも言われます。

説得力とは何かというと、**相手を納得させることができる技術**のことです。技術なので学べば身に付きます。

では人はどのようなときに納得するのかというと、**自分の疑問や不安が解消されたとき**。５Ｗ２Ｈによる疑問解消がなされたときに、はじめて納得という肯定的な感情が生まれます。

●論理の基本は「結論＋理由（根拠や目的）」

相手の疑問を解消する伝え方がビジネスの基本ですが、実は、これまでお伝えしてきた、課題に対する結論と理由は、論理的な伝え方の基本でもあります。

実際の場面では、課題を表に出さずに結論だけを述べることも多いです。また、理由はときに根拠や目的に置き換えることもあります。

たとえば、次のAとB、どちらが伝わるでしょうか。

この場合の隠れている課題は、「新商品の評価」です。

ケースA

「今回の新商品は、とても良いと思います。
社内の評判もよく、お得意さんも気に入っています。
売り上げも好調で、実際に数字も上がっています」

ケースB

「今回の商品は、かなり高評価です。

社内アンケートでは80％の人が好印象で受け止めており、お得意先からは売り上げがアップしたとの声も届いています。
実際に、わが社の２ヶ月の販売実績を見てみると、発売当初より週ごとに３割増しで増えています」

新商品の評価という課題に対して、どちらも結論と根拠を述べています。違いは、Ａは個人の感想、Ｂは客観的なデータを提示していること。どちらがより聞く人の信頼や納得を引き出すかは、一目瞭然です。

●納得だけでは動かない心

人の心はとても複雑です。

ぜんぜん納得できないのに、つい高額な商品を契約してしまったり、納得はできたけれど、どうしても受け入れることができなかった経験、きっと多くの人にあると思います。

そうなのです、人は納得できれば動くとは限らないのです。

むしろ感情が大事だという人もいますから、どれだけ論理的であっても、そこに感情的なものを加味しながら伝えていかないと、人はなかなか動いてくれないのです。

人のタイプはそれぞれで、感情的思考の強い人と論理的思考の強い人がいますので、相手がどちらのタイプかを見極めて伝えるスキルも必要です。

08

聞く人に「解釈させない」伝え方が理想的

―数値、比喩、例えで具体的にイメージさせる―

しっかり伝え、聞いてもらうためには**相手に解釈させないこと**も大事なポイント。

とくに、「大きい、小さい、重い、軽い、きれい、汚い」といった形容詞は、人によって想像の範囲が異なりますから、できるだけ具体的な数値や形で伝えましょう。

「売り上げは、昨年よりも増えました」と言うよりは、

「売り上げは、前年比で10％増えました」

と言った方が、確実に具体的に伝わります。

また、「一年間」という言葉なども、経理部の人なら4月から翌月3月までと受け止めるかもしれませんが、ほかの人は1月から12月までを一年間として捉えるかもしれません。

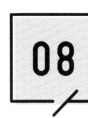

同じ言葉でも、立場や経験や部署によってまったく異なる意味を持ちます。

さらに、大きなビルより、30階建ての高層ビル。きれいな色より、桜の花のようなきれいな色。恐ろしい叫び声より、この世のものとは思えないほど恐ろしい叫び声、というように、**数値や比喩でより具体的に伝えること**が「伝わる」の基本です。

●カタカナ語や専門用語は意味を明確にする

「今からわが社のガバナンスとコンプライアンスについて話し合いたいと思います。皆さん忌憚のないご意見をお願いします」


このように説明されて、意見が言える人は素晴らしいです。

しかしほとんどの人は、「意見を言えばいい」とは分かっても、「何に」ついて意見を言うのか、頭の中でイメージできていないと思います。

ガバナンスもコンプライアンスも、よく耳にする言葉ですが、自分なりの考えや意見を述べるには、言葉の意味が広く、曖昧すぎてイメージできず、発言することはかなり難しいです。

ガバナンスは日本語で、「統治・支配・管理」などを意味し、企業自身が会社を管理することを意味します。また、コンプライアンスは、「従う、応じる」などの意味があり、主には法令順守やモラル順守などの意味で使われます。

このことを前提に、次のように説明されたらどうでしょうか。

「今から、わが社のガバナンスとコンプライアンスについて、話し合いたいと思います。情報化社会が進む中、さらに企業価値を高め飛躍するためにも、改めて社内の規範や倫理を見直し、遵守する体制を整えていきたいと思いますので、ぜひ皆さんの忌憚のないご意見やお考えを、お聞かせください」

もしこのように説明されたら、〝社内規範や倫理に対する意見を言えばいい〟ということが分かり、意見が言いやすくなります。

自分は知っていても、聞いている人が知っているとは限りません。カタカナ語は理解できないことを前提に、フォローしながら説明すると伝わりやすいです。

第1章 まとめ

01 1分は思いのほか長く話せる

発音や発声のトレーニングをしていない一般の人は250字が理想。
聞く側の年齢や会場の広さによってスピードを変えて話せることが理想です。

02 長い話では集中力が続かない

人の意識はそれほど長く、ひとつのことに集中できません。そのため、聞いているようで案外聞いていないもの。短い言葉で端的に伝えましょう。

03 「聞く、納得する、動く」のスリーステップで

目的に向かってリーダーシップを発揮するためには、人を動かすことが不可欠です。簡潔で戦略的な言葉が浸透したとき、人は動きます。

04 「結論+理由」で伝える習慣を

過程や状況を説明したいのは本能ですが、相手が知りたいのは結論と理由。
最後まで聞かないと結論が見えない伝え方では聞いてもらえません。

05 キャッチーなひと言で行動を促す

人を惹きつけ記憶に残るキャッチーな言葉は、論理的な思考からこそ導き出せるもの。課題の推考から生まれたひと言が人の心を捉えます。

06 「いつ、どこで、誰が」の発想で

人は刺激と反応の動物。「いつ、どこで、誰が」の疑問詞を刺激に答えを見出そうと考えると、いろいろな角度からの発想が可能になります。

07 話の筋道を通して伝える

結論と理由をセットにすると論理的で説得力が出ますが、人には感情があるため、論理と感情の両方を意識した伝え方で人が動きやすくなります。

08 数値・比喩・例えで具体的に伝える

しっかり伝えるためには相手に解釈させないことが必須。特に形容詞やカタカナ語は人によってイメージが異なるので、具体的に伝えましょう。

第2章

あなたの話はなぜ伝わらないのか、原因が分かると解決法が見えてくる

なぜ自分の話は伝わらないのか。

原因が分かれば自ずと解決法が見えてきます。

第2章では、あなたの話はなぜ伝わらないのか、その原因と解決法について探っていきます。

01

目的を忘れている

― 究極の目的は「人を動かす」こと ―

ちゃんと伝えたはずなのに、まったく伝わっていなかった。社会人なら誰でも一度は経験しているトラブルのひとつです。

相手が聞いていなかった、ポイントがズレていたなど、原因はいろいろ考えられますが、〝目的を忘れている〟ことも原因のひとつであると考えます。

目的には、**一次目的**と**二次目的**がある、というのが私の考え方です。一次目的は目先の目的を指し、二次目的は、一次目的を叶えることで実現したい最終目的を指します。

たとえば上司に報告をするとき、結論から先に伝えることの大切さは、多くの人が知っていることでしょう。

結論から伝えることが一次目的ではありますが、一次目的だけを意識していると、〝OKでした〟や〝ダメでした〟という伝え方になりがちです。これだけで伝えた、伝わったと判断するのは早計です。

●二次目的まで意識しながら伝える

誰かに何かを伝えることの背景には、〝人を動かす〟という目的があるので、最終目的である二次目的まで意識できると、伝え方や言葉の選び方が違ってきます。

たとえば、〝遅刻が多い部下の行動を変えたい〟というのは、一次目的です。変えてどうしたいのかにまで意識を向けることで、二次目的が見えてきます。

・遅刻が多い部下の行動を変えて、会社の一員として活躍してほしい

一次目的の〝遅刻が多い〟ところだけに注目していると、「仕事する気があるなら、ちゃんとしろよ！」と文句を言いたくなります。

しかし、二次目的の〝活躍してほしい〟ところにまで注目できると、「遅刻が多

いね。僕は、キミはやがて、会社を引っ張っていける人材になると期待していたんだけど、すごく残念だよ」

と、非難せずに相手の行動を変え、能力を伸ばせるような言葉が出てきます。

〈一次目的〉マイナス思考が強い部下の考え方を変えたい

〈二次目的〉マイナス思考が強い部下の考え方を変えて、ポジティブで楽しい社会生活を送ってほしい

一次目的だけに注目していると、「ほんとにネガティブで暗い性格だね。少しは変える努力をしたら」と相手を非難する言葉が出やすくなります。

しかし、二次目的まで意識できると、

「本で読んだんだけど、考え方って言葉の習慣なんだって。考え方を変えるのは難しいけど、言葉を変えるのは簡単そうだよね。今日から言葉を変える努力してみようよ」

などと、前向きなアドバイスができます。

〈一次目的〉結婚式でお祝いメッセージを伝えたい
〈二次目的〉結婚式でお祝いメッセージを伝え、参加者を笑わせたり感動させたりするスピーチをしたい

一次目的でお祝いメッセージを考えていると、何を話せば良いのか話の間口が広すぎて、考えがなかなかまとまりません。
しかし、二次目的で〝笑わせる〟や〝感動させる〟という視点ができると、その視点で〝どう笑わせるか〟を考えるため、ストーリーが浮かびやすくなります。

人を動かすことは、最終的に、人を動かして自分の目的を叶えることでもあります。ぜひ二次目的まで明確にしながら、人が動いてくれる伝え方をしましょう。

02

長々と話しすぎる

―人は「聞きたい」ことだけを聞くもの―

基本的に人は他人の話には興味がありません。

このように書くと、「そんなことはないよ。私は友人の話にも興味があるし、いろいろ聞いて成長したいと思っている」と反論されそうですが、残念ながらそれも、〝友人や成長〟という自分の価値観に基づいた興味です。

私の性格がシニカル（皮肉屋）だから、このような考え方をしてしまうと思われそうですが、決してそうではありません。

人が他人の話に興味が持てないのは本能であり、人の意識はそれほど自己という存在への執着から解放されない、ということです。

あなたが〝伝えたい〟という情熱も、自己への強い思いから出ているのですが、実はそこにこそ、しっかり伝えるための行動のヒントがあるのです。

つまり、**人は、基本的に他人の話には興味がないけれど、自分に関係があることや、自分に影響を及ぼしそうな話なら聞く**、ということです。

●長いだけで内容が伝わらないケース

〈商品説明会で〉

当社が開発した新タブレットは、これまでのタブレットを超える商品で、皆さまのニーズに応える斬新なアイデアから生まれました。
たくさんのセールスポイントがあり、既存商品に比べても機能的には大変優れており、ぜひたくさんの方にお使いいただきたいです。
また、デザインも何度も見直しをしてようやく完成しましたので、これまでのどの商品よりもハイセンスで、色づかいも豊富です。

価格的にも、どの商品よりもかなりリーズナブルな設定でご用意しています。

担当者が新商品に惚れ込んでいることは、よく伝わりました。しかし、商品の特徴などについては具体的でないため分かりにくく、この説明でユーザーの購買意欲が刺激されるかというと、かなり難しいでしょう。途中で興味を失くし、耳を塞がれてしまうかもしれません。

聞く側が知りたいのは、〝この商品を買ったら、私にどんなメリットがあり、どんなふうに使うことができるのか〟なのですが、それがまったく伝わってきません。

●言葉を変えるだけで、相手が興味を持つ内容になる

当社が開発したタブレットは、掌に載るほどコンパクトなサイズですが、画面は携帯電話よりも大きく、機能的にもさまざまな魅力が搭載されています。

大変軽いため、バッグに入れて長時間持ち歩いても気にならず、高画質による写真や映像の撮影はもちろん、テレビを見たり音楽を聴く際も、音楽スタジオ並みの

音質で聞くことが可能です。音がクリアなので外国語などの勉強にも最適ですね。また、気になるお値段は、〝携帯電話よりもリーズナブルに〟がコンセプトなので、月々の使用料を含め、かなりお安い設定です。

人は自己を中心にものごとを捉えますから、〝購入した後に何ができるのか〟が分かるように説明されると、自分が持っているタブレットやスマートフォンなどと比較し、それほど興味がなくてもつい耳を傾けてしまいます。

自慢話が嫌われるように、自分が話したいことだけを長々と話しても聞いてもらえません。自分の情熱だけで長々と話すのではなく、聞く人の視点に立って、簡潔に分かりやすく伝えること。それが「伝わる」を実現する基本ポイントです。

03

「イメージできない」言葉で伝えている

―イメージできなければ人は動けない―

人はイメージの動物です。この人の話はちっとも伝わらないなと感じさせる人ほど、イメージできない言葉を使っています。

「これ、急いで仕上げて！」

「A社の見積書、今日中に仕上げて。明日の朝イチでA社と打ち合わせだから」

どちらが伝わるか、一目瞭然ですね。

「これ」という指示語はA社の見積書に変え、「急いで」は今日中にと期限を区切り、聞く側としてはとても動きやすい指示です。

しかも、〝なぜそうしなければならないのか〟の疑問に対する根拠を、「明日の朝イチで打ち合わせがあるから」という言葉で提示し、説得力を高めています。

忙しいとついつい言葉を簡略化して自分の思いだけを伝えがちですが、ビジネスでは、目的に向かって人を動かし、結果につなげることが重要。

人は常に、「自分が何をすれば良いか」を視点に話を聞いているので、イメージできない言葉で言われても行動に移すことができません。上に立つ人ほど、相手が動きやすい言葉による伝達は必須です。

04

「自分目線」で伝えている

―筋道が見えない話は混乱のもと―

自分目線で伝えると、「何が、どうした」の筋道が見えにくく、内容が理解できずに伝わりにくくなりがちです。

たとえば商品説明をするとき、

A「今最も人気があり、木目調が美しく、生活に潤いをもたらしてくれます」

目の前に商品があり、実際に目で確認できる状態なら、こちらの説明でも良いでしょう。しかし、そこにないものを説明する場合にはイメージしにくいです。

B「今最も人気がある家具調冷蔵庫です。全体が木目調で美しく、日々の生活に潤いをもたらしてくれます」

こちらの説明なら、目の前に商品がなくても、家具調冷蔵庫であること、木目調であることがイメージでき、しっかり伝わってきます。
ここに、縦○cm、横○cmなど具体的な大きさが加わると、さらにイメージしやすくなります。

●自分だけが楽しい筋道が見えない話

自分目線の伝え方が伝わりにくいことは、会話においても同様です。

A「映画見たんだけど、超面白くなくて。二人ともがっかりしすぎて、食事中も会話が弾まなかった」

一見、何の違和感もないような文面ですが、突っ込みどころが満載で、たくさんの疑問がわいてきます。

いつ映画を見たの？　どこで見たの？　誰と見たの？　頭の中は？？？だらけ。こんな表現だと「ふ〜ん」と生返事で流されてしまいそうです。

●「いつ、どこで、誰が」が大事

一方、次のようなメッセージならどうでしょうか。

B「きのう○○さんと映画を見に△△に行ったんだけど、ぜんぜん面白くなくてね。映画館を出てから○○で食事したんだけど、二人ともがっかりしすぎて、話がぜんぜん弾まなかった」

こちらのメッセージは、いつ、どこで、誰と見に行ったのかなどの筋道が明確で、話の内容がよく分かり、よく伝わります。

話している本人には、誰の言葉で誰の行動なのか筋道が分かっているので、つい自分目線で伝えがち。

しかし、聞いている側にとっては、「誰がどうした、何をどうする」の筋道がはっきりイメージできないと頭の中が混乱し、伝わらないだけでなく、やがては興味すらなくしてしまいます。

筋道を明確にするために役に立つキーワードは、５Ｗ２Ｈです。

「いつ、どこで、誰が、何を、なぜ、いくらで、どのように」の7つのワードを意識しながら話すだけで、筋道が明確になりグンと伝わりやすくなります。

05

「伝わらない」と思い込んでいる

― 人は思い込みに満ちた存在 ―

とても上手なスピーチで、こちらは涙ぐむほど感動しながら聞いているのに、スピーチ後の自己評価で、あそこがダメ、ここがダメとネガティブな評価をする人、実はとても多いのです。

〝自分は話すのが下手だからあがる〟と長い間思い込んできていて、その思い込みのまま自分のスピーチを過小評価してしまっているのですね。

話すことに自信がない人ほど、〝ちゃんと伝わっているのか〟と自分の話を疑い、自分にダメ出しをしてしまっているのはとても残念なことです。

●思い込みの背景にあるもの

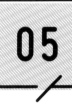

実は、人はとても思い込みに満ちた存在です。

たとえば、平日の昼に、隣の家の父親と子どもが一緒にいる姿を見ただけで、「どうしたのかしら？　今日は会社お休み？」とか、「身体の具合でも悪いのかしら？」と考えてしまいます。

たまたま自宅にいただけなのに、このような疑問を持ってしまうのは、〝平日は仕事をしているもの〟という前提に基づいて判断しているからなのですね。

この前提が思い込みとなって、人の考え方や解釈の方向性を決定づけ、習慣にしてしまうのです。

同じように、自分は話が下手と思っている人ほど、「伝わらない、理解されない」と思い込んでもいます。こちらは感動して、目を潤ませながら聞いているにもかかわらず、聞いている人の実際の姿を見ずに、自分の中にある思い込みで自分を傷つけてしまうのです。

自分の話は伝わっていない。そう思っている人は、なぜそう判断したのかを論理的に考察し、自分の話し方の良い所を探しながら客観視してみると良いですね。

第2章 まとめ

01 究極の目的は「人を動かす」こと

人を動かすことは、最終的に、自分の目的を叶えることでもあります。
それが明確になると、どのように行動すれば良いかが見えてきます。

02 人は自分が「聞きたい」ことだけを聞くもの

あなたが、自分の話したいことを情熱的に話せば話すほど、相手は興味を失くします。人は基本的に他人の話には興味がないけれど、自分に関係があることや、自分に影響を及ぼしそうな話なら聞く、ということです。

03 イメージできなければ人は動けない

人は常に「自分は何をすれば良いのか」を視点に話を聞いています。

イメージできない言葉で言われても、行動に移すことができません。上に立つ人ほど、相手が動きやすい言葉による伝達は必須です。

04 筋道が見えない話は混乱のもと

筋道を明確にするために役に立つキーワードは、5W2Hです。「いつ、どこで、誰が、何を、なぜ、いくらで、どのように」の7つのワードを意識しながら話すだけで、筋道が明確になり、グンと伝わりやすくなります。

05 「伝わらない」と思い込んでいる

自分は話が下手だと思っている人ほど、「伝わらない、理解されない」と思い込んでいます。なぜ伝わっていないと判断したのかを論理的に考察し、自分の話し方の良い所を探しながら客観視してみましょう。

第3章

「伝わる人」の話はココが違う

社会人にとって最大の武器となるのが、伝えるスキルです。
このスキルは、どのような資格よりもあなたの人生に、
恵みと幸運をもたらしてくれるに違いありません。
では、こちらの意図のままに人の心を動かし、行動を促すことができる
伝え方とは、普通の人の伝え方とどこが違うのか。
第3章では、伝わる人が持っているスキルの違いを紹介します。

01

「聞き手」が誰かを理解しながら話している

―相手を知らなければどんな言葉も届かない―

この人は本当に話が上手いなと思わせる人は、誰に向かって話しているのかを、ちゃんと理解しながら話しています。

一対一の場合でも、スピーチやプレゼンなど複数を相手にする場面でも、相手の期待や望みと、自分の役割を理解した上で、立場や場面に相応しい伝え方をしています。

●相手によって話し方を変える

人や場面によって話し方を変えることは、実は私たちも、日常生活の中でよくしています。たとえば、上司や取引先と話をしているとき、相手が人の話をよく聞いてくれる温厚なタイプであれば、さほど気を遣わずに冗談なども交えながら、リラックスして話せます。

しかし、気難しくて感情的な人が相手であれば、できるだけ気に触らないように言葉や口調に気を遣いながら話します。

また、聞いている人や会場の広さによって、声やスピードを変えて話すこともよくあることで、高齢者が多い会場では、分かりやすい言葉を選びながら、ゆっくり話すのではないでしょうか。

反対に、若い人が多い会場ならテキパキと早口で話し、会場が広ければ全員に言葉が届くように間を取ることも、無意識に行っています。

人や会場によって話し方を変えることは、聞いてくれる人に対する気配りであり、円滑な社会生活を営むためのマナーとも言えますね。

02

聞く人の趣味嗜好に合わせて話している

―空気を読んでこそ伝わることも―

集合写真で最初に確認するのが自分の姿であるように、人の意識は常に自分に向いています。

意識が自分に向いてしまうのは、ほかの人も同じことで、基本的に人はほかの人の話には興味がなく、多少でも「自分」に関わりのある話に興味を持つようにできています。

●話題を選んで話している

思わず耳を傾けてしまうほど話すのが上手な人は、話題をコントロールしながら、常に聞いている人の興味をそらしません。

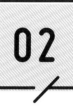

相手が聞きたいであろうことやその人が興味を持っていることに気を配り、聞く人の好奇心や興味を刺激し続けるのです。

たとえば、お金の話をするとき。

資産形成に興味がある人にとって、投資や株の話は興味深く聞くことができますが、投資や株は怖いから、節約して貯めたいと考えている人にとっては、投資の話など論外で、まったく興味を持ってもらえません。

ダイエット中の人を、ケーキの食べ放題に誘っても断られるのと同じで、相手が興味のない話をどれほど熱心に伝えても、嫌われるだけなのです。

人の意識が常に自分基準であるように、ほかの人も自分基準で考え、聞きたいことを選択しています。そのことに気づくことが、〝伝わる〟を実現するファーストステップかもしれません。

03

言葉の重要性を自覚して話している

― 言葉はイメージそのものである ―

人はあらゆることを言葉で認識し、表現します。言葉は脳にとって、イメージを喚起する大きな刺激。この刺激に反応して感情や行動が促されます。

言い換えれば、**聞いている人がイメージできない言葉では何も伝わらないし、伝えていないのと一緒**、ということです。

具体的にイメージの喚起を体感するために、少し実験をしてみましょう。

●言葉はイメージ

次の言葉で、皆さんの脳裏には、どのようなイメージが浮かぶでしょうか。

「さんま」

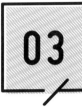

青魚のサンマそのものが脳裏に浮かぶ人や、魚が好きな人は〝美味しそう〟や〝食べたい〟などの言葉でイメージを認識する人もいるかもしれませんね。

また、テレビでよく見る、お笑いタレントの明石家さんまさんの顔が浮かんだ人も多いのではないでしょうか。

このほか、美味しいサンマを食べた居酒屋さんのシーンが浮かぶ人や、漁港関係者の方であれば、サンマ漁や市場が浮かぶかもしれませんね。

このように人は言葉で、さまざまなことをイメージしますが、そのイメージは過去の記憶に基づいてなされ、記憶は、その人の経験や人から聞いたり本で読んだりして得た情報で作られています。

●概念にないことはイメージできない

では、次の言葉はどうでしょうか。

「ハッシュタグ」

「ＳＩＭ」

若い人の多くが知っている言葉かもしれません。私は、言葉としては知っていますが、具体的なことは何もイメージすることができません。私の中に、ハッシュタグやＳＩＭに対する概念がないのです。

そのため、「ハッシュタグについて説明してください」と言われても、〝インスタグラムやブログにつける強調したい言葉〟くらいの説明しかできません。

もし、ハッシュタグとは……と説明ができるほど詳細な知識があったならば、いろいろイメージが広がりビジネスにも活かせるように思うのですが、残念ながら難しすぎてダメです。

●「小学生にも理解できる」を意識して

このように人は言葉を刺激に記憶の中にある情報を探り、そこからさまざまなイメージが広がることで、感情や行動が促されます。

ということは、その人の記憶にない言葉でどれほど聞かされても、何もイメージすることができず、それは伝わっていないのと一緒だということです。

聞く人に内容がしっかり伝わる話し方をしている人は、そのことを良く知っているからこそ、**多くの人がイメージできる分かりやすい言葉で伝えている**のです。

個人的な話になりますが、新聞社で取材原稿を書いていたとき、先輩から、「小学生にも分かるような文章を書け」とたびたび叱責されました。そのせいか講演やセミナーで話をするときも、ふとこのアドバイスを思い出します。もちろんこの本を書いているときもですが。

難しい言葉を使わずに、誰にも分かるやさしい言葉で話す。これも〝伝わる〟を実現するスキルですね。

04

聞く人の想像力を刺激する言葉を使っている

―よりリアルに伝わる言葉のマジック―

言葉は聞く人のイメージを喚起する大きな刺激。話し上手な人は、巧みな言葉づかいで聞く人の想像力を刺激しています。

お笑いの人たちもよく使っている、**擬態語や擬声語での表現**は、よりリアルな伝え方ができます。

「とつぜん雨が降ってきてね」
「とつぜん雨がザーザー降ってきてね」

「泣いたわよ」
「ワンワン泣いたわよ」

「日差しが当たって」
「ガンガンに日差しが当たって」
「すごく寒くて震えていた」
「すごく寒くてガタガタ震えていた」
「哀しくて、一人で歩いて帰った」
「哀しくて、一人でトボトボ歩いて帰った」
「あの日は、疲れてたんだよ」
「あの日は、疲れてグッタリしてたんだよ」

いかがですか？　擬態語や擬声語を使った方が、状況が強調されてよりリアル感が増しますね。

05

聞く人が「満足」するツボを知っている

― 言葉のセンスは使えば使うほど磨かれる ―

心理学者のウィル・シュッツは、〝人は常に選択している〟と述べました。その選択はやがて、考え方や受け止め方などその人の習慣となり性格となって、人生に大きな影響を及ぼします。

よく言われることですが、人生のどん底に落ちてしまったとき、「もうダメだ、生きる意味がない」と考えるか、「ここまで落ちたら、あとは上がるしかない」と受け止めるかで、その後の人生は大きく変わります。

これほど深刻ではなくても、仕事で失敗して落ち込んでいるときに、「自分は能力がない」と自分を責めてさらに落ち込むか、「落ち込んでいるのは3日間。それ以降は失敗をチャンスに変える努力をしよう」と自分を励まして努力するかでは、メンタルにも人生にも大きな差が出ます。

言葉は相手に届くだけでなく、自分にも届くのです。

●語彙を増やし多くの表現法を知ろう

人は言葉によって作られる。そう言っても過言ではないほど、人は言葉に左右されます。

難しい言葉を使うと自己有能感が満たされます。そのため、つい難しい言葉で伝えてしまいがちですが、聞く人にとっては、その人の気持ちが率直に伝わることの方が重要。

〝至福のひとときでした〟と表現されるよりは、〝とても幸せな気持ちになりました〟と言われた方が、こちらも嬉しい気持ちになります。

●言い換え言葉や類義語で表現の訓練を

伝え上手な人ほど聞く人が満足するツボを知っています。

だから心に刺さり、つい聞きほれてしまうのですが、ではツボとは何かというと、聞いている人がよりリアルにその状況がイメージできたり、心が温かくなったりするような言葉づかいのテクニックを言うのではないかと考えます。

前ページの擬態語や擬声語もそうですが、同じような意味の言葉でも、硬い言葉をやわらかい言葉に置き換えるだけで、伝わり方が大きく変わります。

満面の笑みでした
顔いっぱいに笑顔が広がりました。

容易なことです。

やさしいことです。簡単なことです。

郵便はがき

恐れ入りますが
切手を貼って
お出しください

112-0005

東京都文京区水道2-11-5

アスカ・エフ・プロダクツ行

Closer Publishing ～出版をより身近に～

明日香出版社グループ
アスカ・エフ・プロダクツ
〒112-0005 東京都文京区水道2-11-5
☎03-5395-7660 FAX 03-5395-7654
https://asuka-f.co.jp

感涙にむせびました。
ありがたくて涙がでました。

逆鱗に触れてしまって。
激しく怒らせてしまって。

頭の良い人です。
頭の回転が速い、ずば抜けた頭脳の持ち主です。

豊かな表現は豊富な語彙から。
ひとつの状況を複数の言葉で表現する言葉の訓練、クイズのように楽しみながらできると良いですね。

06

相手が納得しながら聞ける伝え方をしている

─ 事実と私見は分けて伝える ─

「なんとなく乗り気ではないような印象だったので、今回の提案は、たぶんダメだと思います」
「いい感触だったので、たぶん受注につながると思います」

社内ではよくあるやりとりのように思えますが、よくよく見てみると、両方とも感想を述べているだけで、客観的な事実は何も伝えていません。
この言葉で今後の対応を決めてしまうと、判断を誤るかもしれません。

もし部下が、次のような客観的なデータを含めた報告をしてくれたら、上司も安心して今後の判断ができるのではないでしょうか。

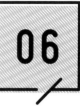

「担当者によると、現在A社に営業をかけている競合は、5社あるそうです。価格的にはわが社がいちばん高いとのことでした。これは私見ですが、大幅な値引きかそれに相当するサービス面の充実を図らないと、かなり難しそうです」

ビジネスパーソンにとって「ほうれんそう（報告・連絡・相談）」は、上司とのコミュニケーションを育む大きなチャンス。できるヤツと思われる報告をするか、ダメだと思わせてしまう報告になるか、その違いは、**〝客観的事実と自分の感想は分けて伝える〟**ことにあります。

客観的事実＋感想のセットをぜひ習慣化してください。

07

相手を傷つけない言葉の法則を知っている

― 人を伸ばし行動を促す魔法の言葉 ―

悪口やネガティブな話は、誰でも聞きたくないもの。伝えるスキルの高い人は、たとえネガティブなことでも、**聞く人や相手を傷つけない肯定的な表現、人を不快にしない表現**をしています。

●脳は後半の言葉に反応する

あなたは、どちらの人を食事に誘いたいですか。

A「美味しいものは好きだけど、お金がかかるよね」

B「お金はかかるけど、美味しいもの大好き」

もちろんBさんを誘いたいですよね。

Aさんを誘っても、お金のことを考えて食べたいものが注文できなさそうなので、たいがいの人はBさんと食事をしたいと考えるのではないでしょうか。

●後半にポジティブな言葉があると悪口も気にならない

実は、脳には**後半の言葉に注目する**という特徴があり、後半にポジティブな言葉があれば、前半でネガティブなことを言われてもイメージが弱くなり、それほど気になりません。

たとえば、

「キミは、仕事は早いけど、ミスが多いよね」

と言われたら、なんだか叱られたような気持ちになります。

しかし、

「キミはミスが多いけど、仕事は早いよね」

と言われると、褒められているような気がします。

不思議ですが、後半にポジティブな言葉があるだけで、気持ちが真逆に変わってしまうのです。ネガティブなことを言っても好かれる人は、案外この法則を知って活用しているのかもしれません。

●肯定的表現＋行動を促す言葉もＯＫ

また**前半に肯定的な言葉を置きながら、後半で行動を促す言葉を置く**手法も、ビジネスシーンでは多く見られます。

次に紹介する、家電店で見つけてアレンジしたメッセージ。購入者の行動を促すことができるのは、どちらでしょうか。

A「過充電でバッテリーが劣化してしまうことがあります。寝ている間に充電すると過充電になる可能性があるので、注意しましょう」

B「過充電を防ぐことで、携帯が安全に使えます。過充電を防ぐために、寝る前に充電を終わらせることをおすすめします」

どちらも過充電に対する購入者への注意喚起のメッセージです。しかし、伝え方は真逆です。

Aは、過充電のネガティブな面を強調し、注意喚起しています。

しかし、残念ながら、過充電を防ぐために何をすれば良いのか、具体的な行動は何も伝えていません。

このメッセージで購入者の行動を変えるのは難しいですが、担当者は、注意喚起を念頭に考えたのかもしれません。

一方、Bは、〝過充電を防げば安全に使える〟という、ポジティブな表現で、肯定的に注意喚起をしています。

そして、〝寝る前に充電を終わらせよう〟と具体的な行動を示しているので、購入者にとっては対策が取りやすくなります。

人の不安感を煽るようなことをせずに、肯定的な言葉で行動を促すことができるメッセージは、伝え方の上級者ならではと言えます。

08 自信が伝わる話し方をしている

― 謙虚さは自信がないと誤解されることも ―

人は見た目が90％という言葉は、多くの人が知っていると思いますが、ここで言う〝見た目〟には、目で見たことと耳で聞いたことの両方が含まれています。

また、〝人は五感で得る情報のうちの80％を視覚から得る〟との研究もありますから、見た目の印象はとても大事です。

●目と耳に伝えることを意識して

実は、伝えるスキルが高い人ほど、目や耳で捉えることの重要性を自覚して行動しています。

そのひとつが、**自信が見えるように伝えていること**です。

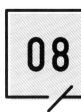

自信過剰で傲慢というのではなく、信頼につながる自信を伝えているのです。

実は自信は、〝自分に対する安心感〟という感情なので、とても内的なもの。目に見えるわけではありません。言葉や態度に表してはじめて伝わるのです。

では見えない安心感を、どのように伝えるのか。具体的に自信の伝え方を見ていきましょう。

●見えない自信を「見える化」する

自信につながる態度や行動を見つけたいとき、自信がなさそうに見える人に共通する動作や行動に注目し、それと反対のことをすれば良いのです。

自信がなさそうに見える人はたいがい、背中が丸くなっています。

自信のなさを隠すために虚勢を張る人もいますが、そういう人は堂々としているのにどこかソワソワしているなど、全体から受ける印象のバランスが悪いので、大体は見抜くことができます。

●肩を開いて姿勢を正し、断定的な表現で

自信がある人は堂々として、表情や態度や動作に抜かりがありません。パフォーマンスの詳細については180ページから紹介していますが、顔を上げて胸を張り、下腹に力を入れて声に力を漲らせ、低めのトーンで話せば、それだけで自信が伝わります。

また、言葉で自信を伝えたいときは、文末を断定的に話しましょう。〝○○と思います〟や〝○○だそうです〟ではなく、〝○○です〟と表現するだけで、自信が伝わります。

謙虚な人ほど断定せずに話を締めがちなのですが、その表現だと人を不安にさせることもあります。

人の上に立つ人ほど、最後の言葉まで気を抜かずに話しましょう。

第3章 まとめ

01 相手に合わせて話す

話すのが上手な人は、聞き手に合わせた話し方をしています。
相手の期待や望みを理解し、聞く人が飽きない話し方をしています。

02 空気を読んでこそ伝わることも

どんなに素晴らしい内容でも、自分が話したいことだけを話していては、聞いてもらえません。周りの空気を読んでこそ伝わる話もあるのです。

03 概念にない言葉ではイメージできない

人は言葉を聞きながらイメージを膨らませるもの。相手の概念にない言葉でどれほど熱心に話しても、残念ながら伝わりません。

04 よりリアルに伝わる言葉のマジック

言葉は聞く人のイメージを喚起する大きな刺激です。擬態語や擬声語を使うだけで状況が強調され、よりリアルに伝えることができます。

05 使えば使うほど磨かれる言葉のセンス

ひとつの状況を複数の言葉で表現できるスキルを高めるためにも、語彙を増やし、言い換え言葉や類義語を使って表現を洗練させましょう。

06 事実と私見は分けて伝える

単なる感想を、さも結論であるかのように伝えるのは残念。事実と私見を分けて伝えることができるかどうかで、上司からの信頼度も変わります。

07 人を伸ばす魔法の言葉

脳は後半にある言葉で感情を促します。問題点を指摘しても、後半にポジティブな言葉があるだけで、人が喜び成長する伝え方ができます。

08 見た目で自信を伝える

人は見た目で判断していることが多いもの。自信の伝わる表情・動作を意識してみましょう。

第4章

伝わるスピーチ&プレゼンのコツ

社会人になると、スピーチやプレゼンテーションは日常茶飯事、
当たり前にこなさなければなりません。
部下や友人の結婚式でのスピーチはもちろん、
職場では毎日のようにプレゼンがあります。
第4章では、伝わるためのスピーチ&プレゼンの
コツをお伝えします。

01

スピーチも1分からはじまる

―1分間聞けるスピーチは3分も聞ける―

結婚式では3分スピーチが主流ですが、個人的には、**1分間聞くことができるスピーチは、3分間でも聞き続けることができる**と考えます。

聞くに堪えないスピーチは、最初の10秒ぐらいで聞く気が失せます。

聞く側の人は、話の中身だけでなく発音や声、間の取り方やスピードなど話し方の部分でも、聞くか聞かないかを無意識に判断しています。そのため、スピーチする側としては、話している間中、目に見えない審判を受けている気分で話すことになります。

もちろん全員が注目して聞いているとは限らず、途中で集中力が持続しなくなってしまう人もいます。

このような人の存在は、話すことに自信がない人にとってはありがたいと感じることもありますが、自信がある人にとっては、聞く気がない人をいかに振り向かせるか、話術を高めるチャンスです。

なお、私が考える理想的なスピーチは、1分の中にひとつの物語があること。3分スピーチも1分スピーチの積み重ねで完成する、そのように考えています。

●カップ麺はなぜ3分なのか

そもそもなぜ3分スピーチが求められるのか、あなたは考えたことがあるでしょうか。

ヒントは、カップラーメンはなぜ3分か？　です。

最近はお湯をかけて3分、煮て1分で食べられる商品も売られていますが、もしお腹が空いているときに、食べるまでに3分もかかったらイライラしないでしょうか。

そう、3分は〝我慢の限界〟を示す数字なのです。

ただし、3分には前提があり、「下手な人の話を聞く」我慢の限界が3分、ということです。結婚式のスピーチでご馳走を前に長々と話をされたら、誰でも早く終わってくれと願うのは当然です。

最近は多忙なビジネスパーソンが多く、我慢できる時間はかなり短くなっています。1分スピーチでも下手だったら長いと感じて、シャットアウトしてしまうかもしれません。

●ストーリーの時間配分は？

聞く人が飽きずに聞けるスピーチの理想的な時間配分は、具体的にはどのようなものでしょうか。

前にも書きましたが、個人的には、1分スピーチがベースと考えます。

たとえば結婚式や創業祭でのスピーチなどの場合、１分できれいなストーリーを語り、そのストーリーをベースに、笑いや感動のエピソードを盛り込んで話せば、人を飽きさせない３分スピーチができます。

なお、ストーリーの作り方については１００ページから、笑わせ感動させるストーリーの作り方については１１０ページから紹介していますので、そちらを参照していただければと思います。

02 思わず聞き入ってしまうストーリーの作り方

―聞いている人の脳を刺激して興味を喚起する―

スピーチで苦労するのが、何をどう話せば良いのかの、ストーリーを作ること。一番時間がかかる部分です。

実は、ストーリーを作るのに便利なものに、「起承転結」というツールがあります。

しかし、これは、あらかじめ聞く体勢ができている人に向けて話すときに役立つツール。聞いてもらえるかが分からない人に対して使うのは、最後まで話してみないと結果が分からないため、あまりおすすめできません。

必要なのは、興味がない人に、興味を持たせることができるツールです。

●ストーリー作りに便利なツール

私が主宰する「あがり症克服講座」では、毎回スピーチをするのですが、ある週からは、準備なしメモなしで話してもらいます。

あがり症のために、常にしっかり準備し、暗記しながら話してきた人たちが、短期間で準備なしメモなしで話すことができるようになるのは、実は次に紹介するツールを使っているためなのです。

それが「**五段階情報整理法**®」です。

このツールの特徴は、**聞く人の疑問を喚起・解消しながら、誰でも簡単に論理的に話すことができる**こと。

人は、疑問が解消されると納得し、納得すると新たな疑問を持つようにできています。この新たな疑問は興味や好奇心でもあるので、聞きたくないと思っていても疑問という反応が起きることで、つい聞いてしまうという情報整理法です。

人が刺激と反応の動物であること、問題解決機能を持つ脳はとても論理的であることに注目し、スピーチ用のツールとして作りました。

●ストーリーのまとめ方

五段階情報整理法でスピーチを作るときは、次のようにしてストーリーをまとめます。

テーマ：話の主題を決める
結　論：テーマに対する答え
理　由：結論に対する理由（理由はときに目的や根拠になる）
背　景：結論や理由の背景を、5W2Hで疑問を解消しながら述べていく
　　その際の視点は、過去、現在、未来で考えると良い
まとめ：聞いている人と気持ちを共有しながら全体をまとめる

スピーチ作りをする際にも役立つと思いますので、ぜひ活用してみてください。ストーリー作りが簡単にできるだけでなく、暗記しなくても言葉が自然に出てくるようになります。

●五段階情報整理法®でスピーチを作ってみよう

さっそくスピーチを作ってみましょう。見本なので、必要最低限で表記しています。

また、最初は文章で書いても良いですが、文章だと覚えようとしますから、できるだけキーワードでメモを作るようにしてください。

> テーマ：私の好きなこと
> 結　論：読書
> 理　由：新しい　世界　広がる
> 背　景：子ども、本好き、母、童話、偉人伝、

中学生、文学書、小説、成長、内容、変化、
翻訳、好き、翻訳者　注意、ヘニング・マンケル
まとめ：読書、新世界、面白さ、体験

読み上げるだけでスピーチになります。

実際にスピーチするように読み上げてみましょう。


私の好きなことについてお話しいたします。

私の好きなことは、読書をすることです。

なぜかというと、本を通してさまざまな世界を体験することができるからです。

実は、子どもの頃から本を読むことが大好きでした。

母の話によりますと、小さい頃は童話や偉人伝などを、手あたり次第に読んでいたようです。中学生ぐらいからは小説などを読み始め、成長とともに読書傾向も変化していきました。

翻訳本を読むことが多いのですが、とても下手な翻訳に遭遇してからは、翻訳者

にも気をつけて本を選ぶようになりました。
今ハマっているのは、ヘニング・マンケルというスウェーデンの作家さんの作品で、翻訳者は柳沢由実子さんです。
つい朝方まで読んでしまうこともあるのですが、読書は知らない世界や人生を疑似体験できます。ぜひ皆さんにも、読書の面白さを味わっていただきたいと思います。

ちなみに、通常のスピードで読み上げて、1分8秒ぐらいでした。ただこのスピードだと間が取れていないため、聞きにくいかもしれません。間をしっかり取りながら、１００名ぐらいの前でマイクを通し、ひとり一人に語りかけるイメージで話してみると、1分30秒ぐらいです。

5段階情報整理法はスピーチ作りだけでなく、上司への報告や営業日報などさまざまな場面で使えますので、ぜひ活用なさってください。

03

話のネタはどこで見つける？

―身近にたくさんあるけど気づけない―

社内スピーチが当番であるのだけれど、話のネタが見つからないという話はよく耳にします。

しかし、ネタは、身近にたくさんあります。気づいていないだけで、意識して周りを見てみれば、たくさん見つかります。

自宅から駅までの間にも、会社にも、通っているスポーツクラブにも、そしてテレビやＳＮＳの中にも、目を転じればたくさん転がっています。

たとえば、友人との何気ない会話の中で気づいたことでも、テーマを決めて五段階情報整理法でまとめれば、スピーチになります。

テーマ：久しぶり、友人、会、気づいたこと
結　論：気を遣わない、友、大事
理　由：無言の時間、気にならない、落ちつく
背　景：幼稚園、20年以上、たまにSNS　近況、知る、
　　　会うのは、年に何回か、久しぶり、食事、
　　　話、弾む、無言、安心、
まとめ：しみじみ、友人良い、皆　大切に

読み上げるだけでスピーチになります。
自分流でかまいませんので、ぜひ声に出して読み上げてみてください。
ちなみに、私は次のように読み上げました。

本日は、久しぶりに友人と会って、気づいたことについてお話しいたします。
それは、気を遣わないで一緒にいられる友人は、とても大切だということです。

なぜなら、無言の時間が長くても気にならず、お互いにリラックスして過ごすことができるからです。

彼女との出会いは20年以上前の幼稚園のときで、それからずっと友だちとしての関係が続いています。たまにお互いのＳＮＳを覗いたりして近況を確認しあっていますが、実際に会うのは年に数回です。

それでも久しぶりに会って食事をすると話が弾み、時間があっという間に過ぎていきます。また、話に疲れて無言になってもなんとなく笑顔でいることができ、安心感があって、しみじみと幼い頃からの友だちはいいなと思います。

皆さまには、どのような大切なお友だちがいらっしゃるでしょうか。ぜひお聞かせください。

ちなみに、職場の朝礼でのスピーチを想定し、会話をするときのような早口のスピードで読み上げてみると、1分3秒でした。もしも緊張しやすい人がこのスピードで話していたら、交感神経が活性化し、途中からドキドキしてくるかもしれません。

また、少し丁寧な感じで話そうと意識して、間を取りながら話してみると、1分30秒弱でした。個人的にはこちらの方が話しやすく、聞く人も聞き取りやすいのではないかと思います。

また、こちらのスピードで話した方が、途中でドキドキするなどの交感神経の活性化はなさそうです。

あなたは何分で話すでしょうか。ぜひタイマーなどで計ってみてください。

04

「笑わせる、感動させる」のコツは○○

― 聴衆を理解しているからこそ可能なスキル ―

スピーチで面白いことを言って、聴衆を感動させたり笑わせたりしたいと思っても、なかなか難しいものです。

狙って感動や笑いがとれるわけではないですし、「なぜここで？」と思うようなところで感情が高ぶる人もいます。

人はなぜ感動し、笑うのか。

哲学者のように考え込んでしまうのですが、実は、感動も笑いも感情です。

この感情を視点にいろいろ考えて分かってきたことは、感動や笑いの分岐点は、〝**裏切り**〟にあるのではないか、ということです。

聞いている人の期待や予測がポジティブに裏切られたとき、人は感動したり笑ったりする、そのように考えるに至りました。

●人が感動するとき

たとえば、小さな命が助けられたとき、人は無条件に感動します。

これほどの大きな感動ではなくても、結婚式やセレモニーのスピーチでは、若いときの苦労話や大変だったときに助けられた話などは、感動しやすいです。

また、感動は感情なので強弱がありますが、人は初めて見るものや聞くことにも、小さな感動を覚えます。

たとえば、結婚式でのスピーチで、

「あいにくの雨ですが、雨降って地固まると言いますように、これからの二人の門出を……」

などと聞いても、結婚式ではおなじみの言葉なので、あまり感動はありません。

しかし、次のようなエピソードを提供されたらどうでしょうか。

「哲学者のヒルティは、著書『眠れぬ夜のために』の中で、〝愛はすべてに打ち克つ〟と言っております。若いお二人には、これからどのような困難に出会おうとも……」

もしこのようにスピーチをされたら、その人への評価が高まるのはもちろん、初めて知った言葉に静かな感動を覚える聴衆も多いのではないかと思います。

●人が笑うとき

笑いも期待や予測への裏切りですが、次に紹介するのはネットで見つけたネタです。あなたは笑えるでしょうか。私はしばらく笑い転げました。

体調の悪い中学生の息子を連れて病院に行った母の話。

先生「食欲はありますか」
・・・

息子「おかず次第です」

思わず笑ったという人の背景を説明すると、先生の質問に対するこちらの予測は体調不良時の食欲。その予測に反して〝おかず次第〟と返ってきたので、思わず笑ってしまったということですね。

さらに、母親と距離を取り始めた思春期の息子のふて腐れぶりも想像でき、笑い度が増したと思います。

次に紹介するエピソードは桂文珍さんのネタです。私は笑うまでに2〜3秒かかりました。あなたはどうでしょうか。

結婚して30年目を過ぎた夫が、夕食を終えて妻にひとこと。

夫「そろそろ帰るわ」

……

妻「……」

この夫は、どこに帰るつもりだったのか。
かなりクールで静かな笑いだったのではないでしょうか。

人を感動させることも、笑わせることも、**聞いている人たちがどのような期待や予測をしているか**、それをキャッチアップするセンスが求められます。
実現するのはなかなか難しいことですが、ぜひ経験値を高め、感動や笑いのあるスピーチの達人になってください。

05

プレゼンの目的は何？良いプレゼン資料とは？

―〝エレベーターテスト〟を意識したパワポ作り―

学生の頃からパワーポイントで資料作りをしてきたであろう読者の方々に、今さらパワポで資料を作るときの心がまえを書くのは、釈迦に説法のようでもありますが、基本は大事なのでお伝えします。

プレゼン資料を作るために、最初にするべきことは何かと言えば、それは**目的を明確にすること**です。

目的の明確化は資料全体のコンセプトの明確化につながり、それはやがて構成力やプレゼン資料の出来不出来につながります。

目的が曖昧なまま作ったプレゼン資料は、すでに失敗しているのも同然。

商品説明が目的なのか、売り込みが目的なのか。何のため、誰に向かってするのか。それらが明確になるだけでスライドの言葉やデータが決まり、資料作りの半分は完成したようなものです。

●見るだけで理解できるスライド作り

私もパワーポイントを使って、講演活動やオンラインセミナーを行っていますが、講演やセミナーの目的は、参加者の理解と納得を得ること、日常生活で行動に移してもらうことにあります。

また、資料作りの際に心がけているのが、〝**エレベーターテスト**〟です。

エレベーターテストとは、〝たまたまエレベーターで乗り合わせた役員に、90秒の短時間でアイデアをアピールする〟という、シリコンバレー発祥の説明方法です。

概念をひと言で言えば、**どれだけシンプルに説明して理解と納得を得るか**。まさに、この「1分で伝える」に相応しいコンセプトです。

●1枚のスライドにテーマ・結論・理由

エレベーターテストに基づいて、〝分かりやすく、簡潔に〟を課題に作る私の資料は、常に1枚のスライドの中で「テーマ・結論・理由」をセットに展開します。理由はときに目的や根拠に変わることもありますが、テーマ・結論・理由をセットにするだけで分かりやすい資料ができます。

122ページから一部紹介していますので、ご覧になってみてください。

念のためにお伝えしますが、私のパワポ資料が完璧だと言っているわけではありません。理論だけお話しするより実物を見ていただいた方が分かりやすいと思い、お伝えしているだけですので、参考として見ていただけますようお願いします。

06

プレゼン資料は「シンプル イズ ベスト」がベスト

―単純であることは究極の洗練―

〝単純であることは究極の洗練である〟とは、レオナルド・ダヴィンチの言葉ですが、簡潔で分かりやすい資料には、複雑なデザインや装飾は必要ありません。

1枚のスライドの中に、参加者の〝**共感と納得**〟があれば良いのです。

十数年前のことになりますが、日本トップクラスの大学の先生方のセミナーを何年か受けていたことがありました。先生方はパワーポイントを使って授業をしていましたが、スライドの中には、話そうとしていることのほとんどが文章で書かれていました。そして、先生方は、その文章をただ読み上げているだけでした。

今はもっと洗練された内容になっていると思いますが、伝えたいことをぜんぶ文章にするのは、洗練とは反対の位置にありますね。

●情報をどれだけ捨てられるかがポイント

短い時間内ですべてを理解してもらおうと考えると、どうしても情報量が多くなってしまいます。すべてを伝えて理解してほしいと思う気持ちは分かりますが、人は自分が興味のあることだけ知れば、あとは別になくても困らない情報なのです。

つまり、パワーポイントの資料作りで大切なのは、**どれだけ捨てられるか**です。〝見るだけで理解〟できる資料作りこそが重要なのです。

●パワポでの資料作りの流れ

プレゼン資料は、参加者に物語を語ることでもあると考えているので、観客に向けていかに簡潔にストーリーを作り理解させるかという課題は、常にあります。

脚本家になったつもりで、物語が参加者の脳内にどのように浸透していくかを考え、必要な文言を加えたり削除したりしながら作ります。

以下に、私がパワーポイントでの資料を作る際の、作業の流れを紹介します。

① プレゼンの目的を明確にする。

この作業でプレゼンの方向性が決まります。何のために、誰に向かってするのかをしっかり頭に叩き込み、さまざまな角度から考えます。

② 全体の構成と、第一章から最終章までの詳細な展開を考える。

目的と構成には、かなり長い時間をかけます。

家事をしているとき、テレビを見ているとき、音楽を聴いているとき、散歩をしているとき、常に頭の片隅にプレゼンのことがあり、浮かんだアイデアや考えはすぐにメモを取るようにしています。

③ 既存のテンプレートを用意し、自分用に加工する。

自分用に加工するので、テンプレートは何でも良いと思われがちですが、テンプレートの選び方を間違えると、加工するのも大変です。私が気にするのは、基本的なデザイン展開と色味。できるだけ明るめの色を選択します。

④　構成に沿って、言葉や画像やデータを盛り込み、基本データを作る。
講演会は1時間30分から2時間が基本。１スライドで2分から3分話すので、講演内容にもよりますが、最終的には50スライド前後を目標に完成させます。

ただし、基本データは１００スライド近くになることもザラにあり、それをどんどん削除・統合して完成形に近づけていきます。

⑤　基本データができたら全体を見直し、削る作業に入る。
基本データの削除作業は、文字だけでなくデータや画像も消していきます。

削除作業でのポイントは、あった方が良いと思う情報を残すのではなく、これがないと内容が理解できない、と思うものを残すようにしています。


多くの人はプレゼン資料を作るとき、何を入れるか、という足し算で考えると思いますが、大事なことは、何を入れないかの引き算。それがシンプルで分かりやすいプレゼン資料を作るときのセオリーです。

07

1スライドにフォントや色は3つまで

―〝納得と共感〟が得られるスライド作り―

スクリーンにパワーポイントの資料が映し出されたら、誰もが興味を持って見てくれる、聞いてくれると思うのは、大きな間違いです。

参加者は、スクリーンに目を転じた瞬間に、〝興味あり〟か〝興味なし〟を峻別しています。資料を作る際は、ぜひこのことを念頭に置きましょう。

●〝興味あり〟の気持ちを持続させるために

興味の持続は、タイトルや文字の大きさ、書体、全体の空間バランスなど、さまざまな要因で決定されます。たとえ少しのマイナス点があったとしても、参加者にとってのプラスポイントが勝っていれば、気持ちの持続は可能です。

たとえばすごく興味のある分野のプレゼンであるとか、業務上どうしても聞かなければならない場合などです。

それ以外は興味なしに分類されてしまうので、トップページのスライド作りはとても重要です。


また、参加者の納得や興味を引き出すために、論理的に展開することは当然ですが、人は感情で動く動物でもあるので、肯定的な感情を引き出すための工夫も求められます。

スライドの中に論理と感情が同時に展開でき、納得と共感を得る資料作りができてこそ、人にもビジネスにも強い資料が作れます。

●文字だけでなく、フォントや色でも伝えている

参加人数や会場の広さにもよりますが、フォントやフォントサイズの決定は、見るだけで分かるようにするためには重要です。

私の場合で恐縮ですが、講演は200名前後が入る広めの会場が多いので、文字のサイズは基本的には54ポイントか60ポイント、最も小さいサイズでも36ポイントにするようにして、参加者が〝見えない〟という不満を持たないようにしています。

色づかいは多くても3色まで。それ以上になると目があちこちに飛んでスライド内のバランスが悪くなるため、イラストを使うときは色文字を使わないか最小サイズにしています。

また、話の内容がやや硬めなので、全体的に温かさやリラックス感が伝わるようにも気をつけています。

●実際のスライドで見てみよう

それが以下に紹介している資料です。

いずれも「あがり症克服講座」の中の一部です。

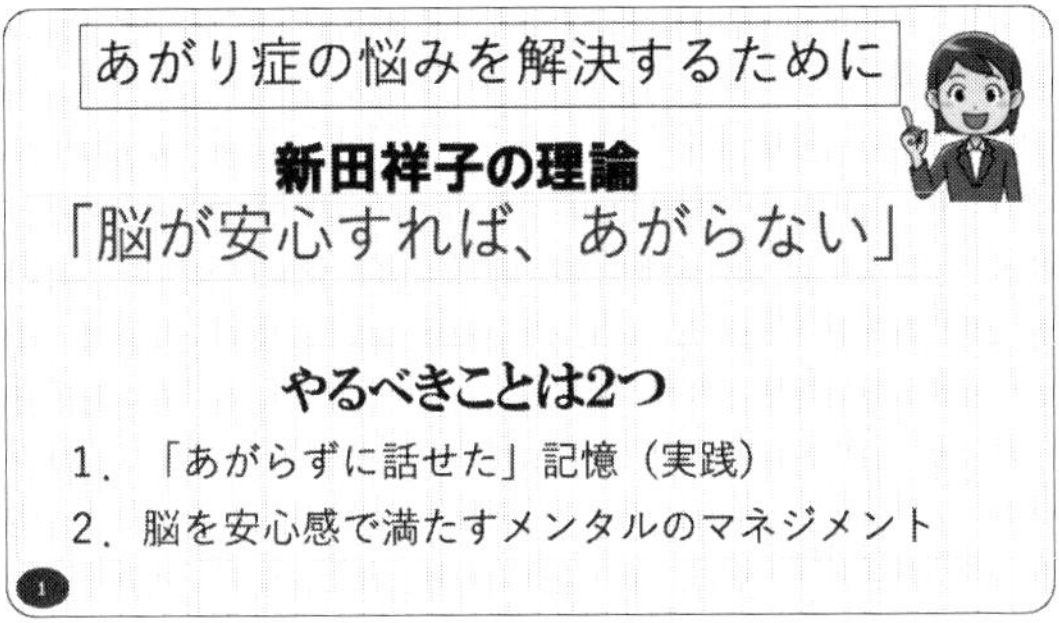
あがり症の悩みを解決するために
新田祥子の理論
「脳が安心すれば、あがらない」
やるべきことは2つ
1．「あがらずに話せた」記憶（実践）
2．脳を安心感で満たすメンタルのマネジメント
1

1枚目

このスライドの目的は、あがり症に対する新田祥子の理論を理解してもらうこと。

そのために、**「テーマ・結論・理由」**の順番で伝えたいことを文字化しています。

テーマ：あがり症の悩みを解決するために何をするか

結論：脳が安心すればあがりません。

理由（この場合は根拠）：そのためにするべきことは２つ。

①実践であがらずに話せた記憶を作りましょう。

②脳を安心させるための言葉（メンタル）のマネジメントをしましょう。

2枚目

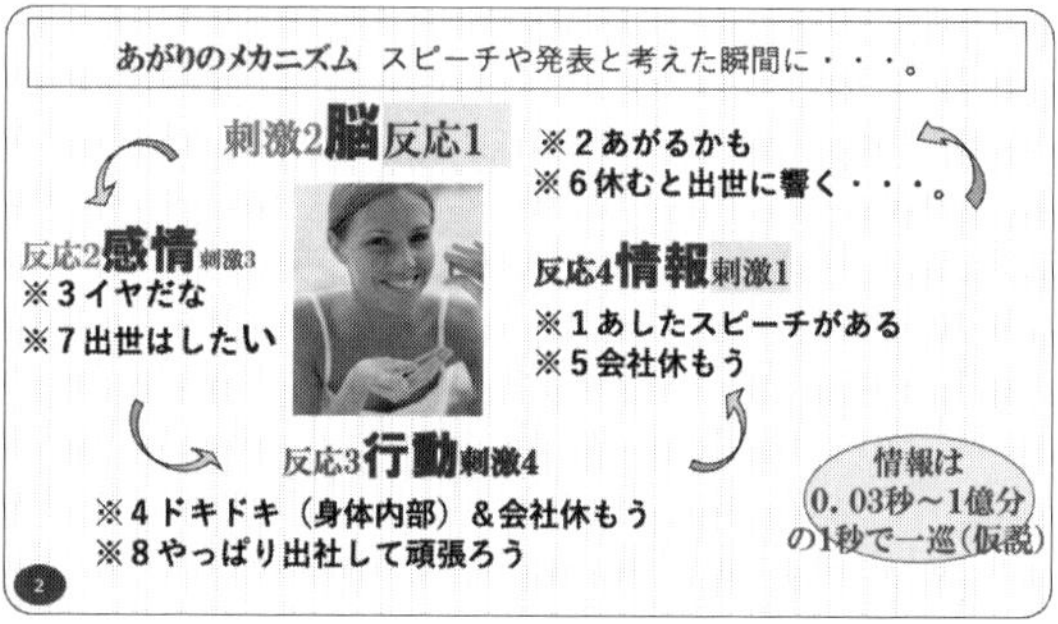

こちらのスライドの目的は、人間の仕組みとあがりの関係について解説し、あがるのは脳の機能の問題であることを理解してもらうことです。

テーマ：あがりのメカニズム

結論：スピーチや発表と考えた瞬間に、人の思考や身体に何が起こるのか、をそのまま文字化。

理由（この場合は根拠）：脳を起点にして情報がどのようにして伝わり、思考や感情が生起・変化していくかを図示しながら具体的に解説していきます。

3枚目

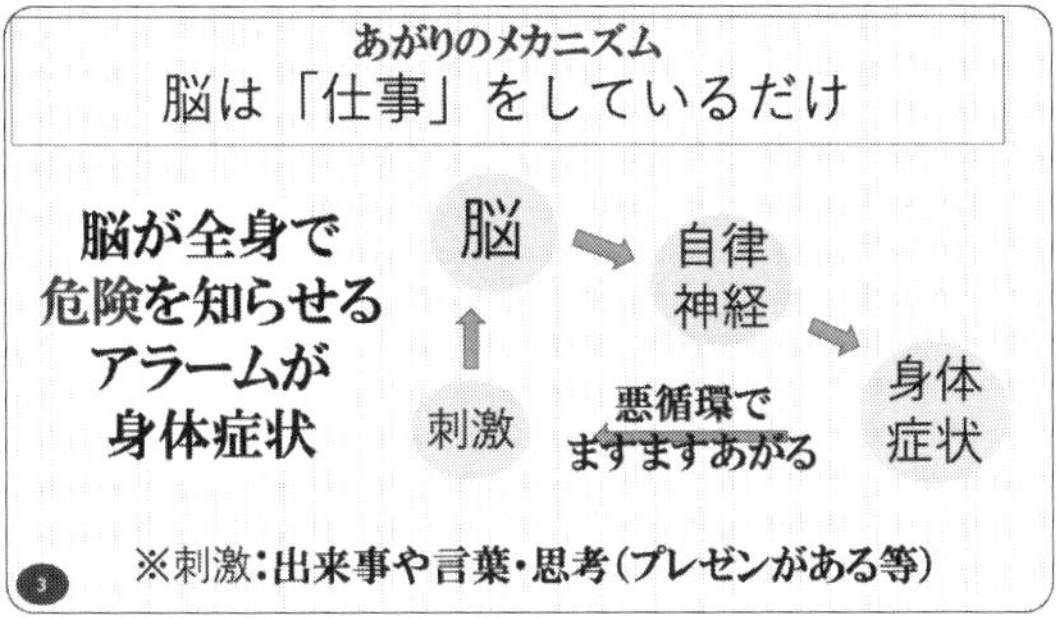

あがり症の人がイヤなドキドキなどの身体症状は、なぜ起こるのかを解説することを目的としたスライド。

テーマ：あがりのメカニズムの解説
結論：「脳は仕事をしているだけ」を文字化。
理由：あがり症の人がイヤな身体症状は、危険を知らせる脳からのアラームであることを、脳と神経細胞の関係を図示しながら解説。

4枚目

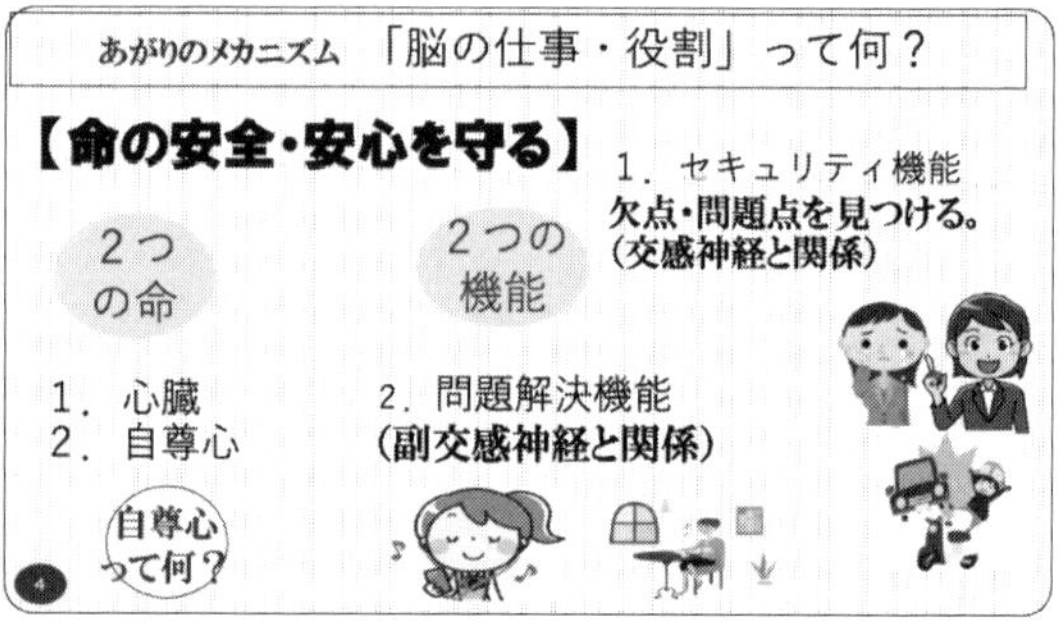
あがりのメカニズム　「脳の仕事・役割」って何？
【命の安全・安心を守る】
2つの命
2つの機能
1．セキュリティ機能
欠点・問題点を見つける。
（交感神経と関係）
1．心臓
2．自尊心
2．問題解決機能
（副交感神経と関係）
自尊心って何？
4

3枚目のスライドを受け、受講生が持つであろう「脳の仕事って何？」という疑問に応えることを目的としたスライド。

テーマ：「あがりのメカニズム」という連続したテーマを小さく、『「脳の仕事・役割」って何？』というテーマを太字で表記。

結論：命の安全・安心を守ること

理由（この場合は根拠）：命には2つあり、この命を守るために2つの機能が備わっていること、2つの機能は自律神経と密接であることを解説。イラストで、交感神経が優位なときと副交感神経が優位なときを示し、自律神経と日常生活が密接であることが分かるように図示。

皆さんの参考のために４枚のスライドを紹介しました。

１，２枚目のスライド解説は、皆さまに「テーマ、結論、理由」をご理解いただくために、スライドと同じ文言にしました。３，４枚目のスライド解説では、皆さまが実践で「テーマ、結論、理由」で作成するときの視点の解説をしています。

これらのスライドの根底には、常に、あがり症に対する受講者の疑問を解消しながら、いかに理解と納得を引き出すかという課題があります。

また、そのためにどのようなスライド展開が理想的なのか、構成とスライド展開を何度も吟味しながら文字や図を打ち込みます。しかしどれほど考えても、見直すたびに変更したいところが出てきてしまうのが常でもあります。

ご自身の資料作りの参考にしていただければ幸いです。

第4章 まとめ

01 3分スピーチも1分の積み重ね

スピーチは話の中身だけでなく、発音や声、間の取り方なども大きなポイント。1分聞くことができるスピーチは3分間も飽きずに聞くことができます。

02 聞く人の脳を刺激して興味を喚起する

聞く人の疑問を喚起・解消しながら話すことで、興味を持っていなかった人の興味も引き出すことができます。

03 話のネタの見つけ方

周囲に目を転じれば話のネタは案外転がっています。
身近で小さなネタでも、五段階整理法でまとめれば、スピーチになります。

04 なぜ人は笑い、感動するのか

笑うことも感動することも、実は感情の発露。人は期待や予測がポジティブに裏切られたとき、笑ったり感動したりするのです。

05 "エレベーターテスト"を意識したパワポ作り

エレベーターテストの概念は、どれだけシンプルに説明して理解と納得を得るか。目的を明確にし、見るだけで理解できるスライド作りを心がけましょう。

06 単純であることは究極の洗練

パワーポイントでの資料作りで大切なのは捨てる作業です。100枚のスライドから情報を削って50枚にすることが、内容の良し悪しにつながります。

07 1枚のスライドにフォントや色は3つまで

スライドの中に無駄なものはひとつもありません。文字だけでなく、フォントや色やイラストでも情報を伝え、余白で空間デザインをしているのです。

第5章

さらに「伝わる人」になる、とっておきの技

「伝える」を「伝わる!」に変えるスキルは、
ずいぶん上達してきたのではないかと思います。
第5章では、ちょっとしたトラブルや問題に遭遇したときに、
どのように対処すればさらに「伝わる人」になれるのか、
そのヒントをご紹介し、問題解決スキルを高めたいと思います。

01 途中で「話が行方不明になる」ときの解決法

―句点「。」を多くし、短文でスッキリ伝える―

途中で話が行方不明になるという相談は多く受けますが、そもそも行方不明になるというのはどのような状況なのかというと、自分の頭の中で話のイメージが途切れ混乱するなどして、話している内容が分からなくなってしまう状態を指します。

なぜ行方不明になるのか、原因を探ってみましょう。

●話が行方不明になるストーリー例

途中で話が行方不明になる人に共通するのは、**ワンセンテンスが長いこと**です。

99%の人が、「○○で、○○なのですが、○○なのですけれども、○○でして……」と、話に終わりがありません。

たとえば次のようなスピーチは、話す方も聞く方も、途中から何を話しているのかが分からなくなると思います。

今日は休日なので朝寝を楽しみ、ゆっくり朝食をいただくことにしたのですが、久しぶりに紅茶を茶葉から淹れ、クリームチーズとジャムのサンドイッチを作ってきれいにテーブルセッティングをしたのですが、途中で何かが足りないような気がして、昨夜の残りもののポテトサラダを添えていただくことにしたら、ダイエット中にもかかわらずサンドイッチとポテトサラダという炭水化物と糖質が多いメニューになってしまい、今はちょっと体重が気になっています。

朝食という視点は最後まで統一されていますが、文章に区切りがないため、途中でダイエットや栄養素の話が出てくることで、聞く側は余計に混乱してしまいます。

●句点「。」を多くするだけでスッキリ頭に入ってくる

この文章の「ですが、けれども」を句点にするだけで分かりやすくなります。

今日は休日なので朝寝を楽しみ、ゆっくり朝食をいただくことにしました。久しぶりに紅茶を茶葉から淹れ、クリームチーズとジャムのサンドイッチを作り、きれいにテーブルセッティングをしてみました。ですが途中で、これだけでは足りないような気がして、昨夜の残りもののポテトサラダを添えていただくことにしました。ダイエット中にもかかわらずトーストとポテトサラダという、炭水化物と糖質が多いメニューになり、今はちょっと体重が気になっています。

どうでしょうか、内容がきれいに整理され、頭の中でイメージの住み分けができたのではないでしょうか。

「話が行方不明になる」と悩む前に、句点の多い話し方を意識してみてください。

02 想定外の質問を受けたときには

― 守りに入ると質問が怖くなる ―

人が想定外の質問が怖くなるのは、無意識に守りに入っている状態のときなので、まずは落ち着いて質問者の意図を理解しましょう。意図が理解できなかったら率直に、「〇〇という理解でよろしいでしょうか」と確かめれば良いと思います。

ただし脳が守りに入ってしまうと思考がすべてに対して防衛的になり、「理解の仕方が間違っていたら、どうしよう」と、さらに守りの思考が働いて、相手への確認作業はかなりハードルが高くなります。

●質問するのは興味があるから

質問には必ずその人の「目的」があり、目的の背景にはその人の「**問題意識**」が隠れています。

的確な質問ができる人は目的も明確で、クリアな問題意識を持って質問できます。しかし目的が不明瞭な人は、こちらが相手の目的を明確にする必要があります。

守りに入っているとその辺の微妙な駆け引きが理解できず、つい意識を自分に向けて焦ってしまいます、まずは相手の質問の意図をクリアにすること、そのことを意識しましょう。

●質問されることは成長のチャンスでもある

視点が少し変わりますが、私は質問されることがとても好きです。

なぜなら、質問されることで自分でも気づかなかった、新しい発見がたくさんあるからです。それまで気づかなかった視点や考え方に気づかされたり、ものの捉え方の幅が広がったりして、とても勉強になります。

そのため講演会やセミナーでは、話の内容が変わるたびに参加者からの質問を募り、忘れないようにメモを取りながら一緒に考えたりして楽しい時間を過ごし、自分の成長に役立てています。

●質問にはたくさんのメリットが隠れている

実は、質問されると応えようとするのが脳なので、脳は常にQ&Aです。

その背景を簡単に説明すると、脳には命の安全・安心を守る役割があり、そのために問題点を見つけるセキュリティ機能と、問題解決機能の２つが備わっています。

この機能があるから人は危機管理ができ、安全・安心を確保しながら生きることができるのです。実は、この２つの機能はとても根源的な機能で、人の思考力やメンタル神経とも言われる自律神経との関連も深いです。

長くなるのでこれ以上の解説は省きますが、質問や自問が問題解決機能を促し、その人の考える力や思考力に影響を及ぼすのです。

自問し、考えるからインスピレーションが湧き、新しい発見ができるので、実は質問にはたくさんのメリットが隠れています。


想定外の質問を怖れる気持ちも理解できますが、もしかしたらそれは、答えられなかったら能力不足が露呈する→露呈したら周囲からの評価が下がる→評価が下がると出世（経済活動）に響く……という無意識なセキュリティ機能が働いた結果かもしれません。

失敗に目を向けてセキュリティを働かせるより、成長に目を向けてチャンスと捉えた方が、質問に対する苦手意識も少なくなるように思います。

03 会議で発言を否定されたときは

―感情のコントロールと口調に注意―

大勢の人の前で自分の意見を否定されたら誰でも凹み、傷つきます。参加人数が多ければ多いほど傷口も大きくなりますが、そのようなときはぜひ感情に惑わされず、冷静に対応できるようになりたいですね。

そもそも感情とは何かというと、自尊心を基点に、過去の記憶に基づいて出来事を脳が勝手に振り分けたもの。この振り分けを判断や解釈と言いますが、この判断・解釈の結果、快感情と不快感情に二分されます。

感情なので、快にも不快にも、自覚がないほど弱いものから、自分ではコントロールできないほど強烈なものまで、かなりの振幅があります。

しかも、その感情はたいてい一時的なもので、個人的には3秒周期と考えています。つまり3秒我慢すれば少しずつ弱くなっていくということです。

傷ついたときは3秒、深呼吸をして落ちつきましょう。

そのうえで、なぜダメなのかを質問し、ディスカッションすれば良いと思います。

●声や口調に注意して自己演出を

ディスカッション時に注意したいのは、**口調と声のトーン**です。

怒り口調だとケンカ腰になりますし、相手におもねるような自信のない口調だと見下されます。

そして口調や声は相手にだけ届くのではなく、実は自分にも届きます。それほど怒っていたわけではないのに、だんだんと怒りが強くなるというのは、自分の声や口調によって怒りが増幅してきた結果なのですね。

冷静になるためにも、厳しさや信念、自信が伝わる口調で対峙することが望ましいです。

●高い声は興奮しやすい

また高い声は興奮しやすく、興奮すると早口になりやすいですから、**できるだけ低い声でゆっくり話す**ようにしてください。低い声とゆっくりした話し方をすることで、興奮に導く交感神経の活性化を抑えることができます。

役者ではないので、いきなり話し方で感情をコントロールし、演じ分けるのは難しいかもしれません。しかし人が洋服やヘアスタイルに気を配るのと同じように、声や口調などをコントロールして自分を演出することは、ビジネスシーンでも必要なスキルであると考えます。

好きなドラマやアニメの役になりきって、声の出し方や口調など真似ると、良いトレーニングになります。

●25歳を過ぎたら感情の起伏に年齢差がなくなる

実は、25歳を過ぎると感情の起伏に年齢差がなくなると言われています。というのも、脳は生涯成長を続けますが、25歳で一応の完成を見るからです。そのため感情の起伏が激しい人は60歳を過ぎていてもすぐに興奮し、若くても穏やかな人は穏やかであると言われています。

人はあらゆることを経験という学習によって身につけます。会議で否定されたからといってすぐに感情的になるのではなく、理性的に対処する術を学ぶチャンスと捉え、研鑽の場にできると良いですね。

04 自慢と思われずに知識を披露するには？

―○○すればイヤミでない伝え方になる―

知識は披露したいけれど、「知ったかぶりして」「ウンチクが多くて、鼻につく」などと陰口を言われたくないからと、知っていてもつい黙ってしまう人、意外に多いのではないでしょうか。

ビジネスは知識や実力を披露しながら、目的を遂行するのが当たり前の競争社会。知っていることを堂々と披露できることは必要なスキルであり、謙虚すぎて実力を発揮する機会を逃してしまうのは、人生の大きな損失です。

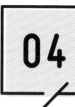

●ネタ元を明かせば自慢にならない

そもそも自慢話で、なぜ周りの人が不快になるのかというと、その人と自分との間に知識の差を感じ、自尊心が傷つくからです。

もし互いの関係に差が出なければ自尊心は傷つかず、不快感情も生まれません。

つまり自分の知識として披露するのではなく、ほかから得た情報や知識であることにして披露すれば、知識の差はなくなるということです。

〝ある人から聞いた話なのですが〟や、〝ネットで見たのですが〟とひと言を入れて披露するだけで、印象は大きく変わります。

●自己満足度は低いが、周囲からの評価はアップ

たとえば、次のAさんとBさんの伝え方では、皆さんはどちらが好印象でしょうか。

A「これはまだ知られていないんだけど、○○社、今年の夏に新型のタブレットを発売するんだって」

B「ネットで知ったんだけど、○○社は、今年の夏に新型タブレットを発売するらしいよ」

Aさんのような伝え方なら、本人の満足度は高いかもしれませんが、聞く側にとってはやや自慢っぽいですね。

しかしBさんのように、ネタ元を自分以外のところにして伝えれば、周囲からは、「よく勉強している、ものしりだ」と評価がアップしそうです。

05

相手が「聞いてないな」と感じたら

― 聞かないと損をすることに気づかせる ―

基本的に人は他人の話に興味がないので、冷たいようですが相手が聞かなくてもいいと選択したのであれば、その選択を尊重して良いと思います。損をするのはその人自身だからです。

しかし役目がら、全員に何かを浸透させなければならないときは、伝えるための努力が必要です。

●「今後の生存」に影響すると思えば熱心に聞く

興味がない人に興味を持たせる方法のひとつは、**その人自身に影響する話であることが分かるように伝えること**です。

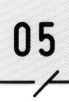

「この話は、後日、役員面接の際に質問されますから、よく聞いておいてください」と言われれば、一発で熱心に聞くようになります。

前ページで脳の役割は命の安全・安心を守ることと書きましたが、それは、人の記憶や興味にも影響を及ぼします。人は今後の生存に役立つことから記憶するようにできています。

脅し文句ではないですが、〝聞かないとあなたが損をしますよ〟のニュアンスが伝われば、否が応でも熱心に聞くようになります。

●メリハリのある話し方で注意喚起も

次におすすめの方法は、**話し方にメリハリをつけること**。

セキュリティ機能が備わった脳は、少しの変化にも敏感に反応します。声を大きくするだけで、「何か起きた？」と注意喚起がなされ、注目するようになります。

大きな声が出ないときは声に変わる音、たとえば手を叩いて注目させたり、大袈裟なジャスチャーを加えたりしても良いですね。
また変化という点では、話すのを止めてたっぷり間を取り、聞く人の脳が「ん？」と反応するのを待って注目させるという方法もあります。

さらに聞く人の自尊心に注目して、ときどき指名して質問するのも良いかもしれません。〝みんなの前で答えられずに、恥をかくようなことはしたくない〟と防衛思考が働いて、熱心に聞くようになると思います。

06 否定から入る上司への対処法

―上司と感情のステージを変える努力―

否定から入る上司に遭遇したとき、私ならどうするだろうかと考えてみました。もしそのような人に遭遇して、これからも付き合っていかなければならないのであれば、生き残る方を優先して選択するかなと思います。

たとえば、人柄が良かったら、否定はその人の言葉のクセと捉えて受け入れる努力をしますし、人柄がそれほどでないとしても、上司と感情のステージを変える努力をして、上手に付き合うようにします。

どちらにしても相手の言動を受け入れるということですが、なぜそうするかというと、問題は否定から入る上司にあるのではなく、ウンザリしている自分の感情が問題だと思うからです。

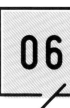

否定から入るというのは、その人の特徴。ウンザリというのは、自分の感情です。相手を変える努力よりも、自分の感情をコントロールする方が、はるかに簡単だと思うのです。

●人は刺激と反応の動物、反応を変える努力の方が簡単

たしかに上司の否定から入る言動は、私の感情の負の刺激になります。しかし刺激にどう反応するかは、私自身の選択。

ウンザリするからといって、上司に反抗的な態度を取って会社にいずらくなったりして、人生を棒に振るのはもったいない。

私なら、上司の否定的な言葉を聞くたびに、〝クセ、クセ、気にしない、気にしない〟とか、〝ま、いいか〟と深呼吸しながら自分に言い聞かせ、交感神経が優位にならないようにコントロールします。

●感情のコントロールのあれこれ

25歳を過ぎたら感情の振幅に年齢差がなくなるので、これから先の長い会社員生活を考えたら、否定から入る上司の存在は、自分が精神的に成長するチャンスかもしれません。

同時に、感情は解釈によって変わる、あてにならないものでもあります。解釈が変われば、ウンザリは瞬時に同情に変わったりするのです。

また、解釈には必ず前提があり、何が前提かを客観視してみるのもひとつですね。〝上司はこうあるべき〟のような基準が自分の中にあって、その基準に沿わないときに不快感情が起こりますから、上司に期待していないかどうかチェックしてみるのもおすすめです。

冷静に、率直にものごとを見る習慣が、合理的な判断につながります。

07

商談で信頼関係を築きたいときは

――ビジネスは糾える縄の如し――

ビジネスにおける信頼関係について考えていたとき、ふと、「禍福は糾える縄の如し（かふくはあざなえるなわのごとし）」という言葉が脳裏に浮かびました。意味は、良いことがあれば悪いこともある。目の前のことに一喜一憂せず、ものごとは長い目で見ることが大事ということです。

商談も同じではないでしょうか。

うまくいくときもあればいかないときもあるので、まずは昇段の結果などに一喜一憂せず、今後どれだけ長く付き合えるかを視点に、一つひとつの事案に丁寧に向き合うことが優先です。

そのうえで、どちらか一方だけが得するというのではなく、ギブアンドテイクを基本に、誠実さや正直さのある複雑な交渉を重ね、その結果が糾える縄になれば太い信頼関係になっていくと考えます。

●人間関係に効く法則

人間科学や心理学には、人間関係におけるたくさんの法則が研究されています。その中からいくつか、人間関係の構築に役立つ法則をお伝えします。

一つ目は「**返報性の法則**」です。

この法則は、何かをしてもらったら、お返しをしたくなるという心理法則です。

たとえば、スーパーなどの試食コーナーで勧められて試食すると、「ただで食べたのだから、買わないと悪いかな」という気持ちになりますね。

また、TwitterやInstagramで〝いいね〟を押してもらったら、その人の投稿にも〝いいね〟をあげないと、なんとなく申し訳ない気持ちになりませんか。

これはビジネスにおいても同じで、こちらが誠実に対応していれば、相手も誠実に対応してくれるかもしれません。

ただし、このような好意の返報性だけでなく、相手に向けた敵意や悪意も必ず返ってくる「敵意の返報性」もありますから要注意です。

二つ目は「**熟知性の法則**」です。

この法則は、人は知らない人には冷たく攻撃的になるけれども、よく知っている人には好意的というものです。

たとえば取引先からクレームがあった場合、こちらの担当者が相手とほぼ初対面であればかなり激しいクレームになるけれど、長い付き合いのある担当者であれば、クレームもやや抑え気味なものになるということです。

知らない人だから攻撃的になって、強く言えるのですね。

ただし、人間関係には返報性の法則が働くので、知れば知るほどキライになるということもあります。

ビジネスパーソンの「ホウレンソウ」でも、好意から報告・連絡・相談をしてくれる部下には好意を抱くけれど、義務でやっているのが分かると、知れば知るほど相手のことがイヤになるということです。

三つ目は「**ウィンザー効果**」です。

ウィンザー効果とは、第三者を通した方が、より効果的であるという法則です。当事者の評価よりも、第三者からの評価の方が信頼されやすいということです。口コミなどはその典型ですね。

ネットショップや美味しいお店を探すとき、多くの人が口コミから判断し、行動や意思決定をしています。

また、ウィンザー効果には、人間関係を円滑にするさまざまな要素も含まれています。

人を褒めるときなども、直接褒められるより、第三者を介して褒められた方が信頼でき、感動します。

また、苦手な人と親しくなりたいときや、もっと関係性を深めたいと思っている人がいるときなども同様で、自分で直接好意的であることを伝えるよりは第三者を通した方が、関係はより円滑になります。

四つ目は「**自己開示効果**」です。

自己開示は、良好な人間関係を築くために大きな役割を果たします。

なぜなら、個人的なことを伝える行為は、相手を信頼していることの表明でもあるからです。そのため自己開示されると人は、自分が尊重されていることを感じて、相手に対して親近感を持つようになります。

その親近感がさらに相手からの自己開示につながり、互いの関係性はより深まります。これが自己開示の返報性です。この繰り返しで互いの信頼関係が築かれ、良好な関係をさらに深めます。

ただし、相手の都合を考えない自己開示は逆効果なので、注意してください。

08 言葉が続かないときの対処法

―接続詞を使って脳に刺激を送る―

●「結論＋理由＋たとえば」で言葉が次々と浮かぶ

これは主宰するセミナーでも経験していることなのですが、結論と理由を言ったあとに、言葉が出てこないということがよくあります。

ほとんどは、「準備をせずに話す」ことを目的としたセミナーの中でのことなのですが、「私が今興味を持っていること」というテーマに対して、〝それは○○です。なぜなら○○だからです〟まではスムースに言葉が出てきます。

しかしそのあと言葉が続かない、という人がたまにいるのです。

あらかじめ準備しているわけではないので、言葉が出なくても当然なのですが、そのようなときの解決法として、「**たとえば**」や「実は」などの接続詞を使って脳に刺激を送ると、それだけで自然に言葉が出てくるようになります。
スピーチテーマが「私が今興味を持っていること」なので、結論と理由を考え、次のように話が展開すると仮定します。

結論：私が今興味を持っていることは、在宅勤務についてです。
理由：なぜなら、コロナ禍の中で夫も私も自宅での仕事が増え、互いの空間作りに苦慮しているからです。

この後に言葉が続かないようなときに、「たとえば」を使ってみると、具体的なイメージが動きはじめます。

「たとえば、私はリビングで、夫は寝室で仕事をしているのですが、今までくつろぎの空間だった自宅がいきなり仕事部屋になり、今ひとつ馴染めずにいます。
どうすれば快適な空間になるのか、どなたか良いアドバイスがありましたら、ぜひ教えてください」

というような具合にすると、すんなりと言葉が出てきます。

また、別の場合でも、

「実は、今はリビングが夫と私の共通の仕事場になっているのですが、なかなか仕事とプライベートの切り分けができず、お互いにとてもストレスを感じています。このようなとき、皆さまはどのように対処しているのか、ぜひご意見をお聞かせいただけたらと思います」

などのように、それぞれに合わせた言葉が浮かびやすいのです。

これは〝たとえば〟や〝実は〟という言葉の刺激に脳が反応したもので、いわば対人場面での会話と同じ現象です。友人や同僚とのお喋りは、特別何か考えているわけではないのに、相手の言葉が刺激になって会話のキャッチボールができ、自然に会話が弾みますよね。それと同じ仕組みなのです。

脳は刺激に反応するようにできています。

もし言葉に詰まったとしても焦らずに、〝たとえば〟という接続詞を使ってみてください。脳が反応して、その場にふさわしい言葉が、自然に出てくるはずです。

第5章 まとめ

01 話が行方不明になるときは

「ですが、けれども」と話をつなげていると、途中で何を話しているのか分からなくなります。短文で句点「。」を多くしてスッキリ伝えましょう。

02 守りに入ると質問が怖くなる

質問にはたくさんの発見が隠れているので、実は成長のチャンスでもあります。失敗に目を向けて怖れるのではなく、質問のメリットに目を向けましょう。

03 会議で発言を否定されたら

自分の発言が否定されたら誰でも傷つくものです。しかし、低い声でゆっくり話すなど、声と口調に注意して冷静に対応しましょう。

04 自慢と思われずに知識を披露するには

自慢話は嫌われますが、同じ話でもネタ元を明かせば自慢話にはなりません。自己満足度は低いかもしれませんが周囲からの評価はアップします。

05 相手が「聞いていないな」と感じたら

人の意識は常に自分に向いています。そのため今後の生存にマイナスに影響する、あるいは損をすることが分かれば熱心に聞くようになります。

06 否定から入る上司への対処法

否定から入る行動は上司のもの、それを不快と思う感情は私のもの。
上司を変えるより自分の感情を変える努力をする方が、はるかに簡単です。

07 商談で信頼関係を築きたいときは

人間関係もビジネスも人生さえも、糾える縄の如し。目先のことに一喜一憂せずに長い目で捉え、一つひとつの事案に丁寧に対応しましょう。

08 言葉が出てこないときの対処法

脳は刺激に反応するようにできています。言葉が出てこないときは「たとえば」などの接続詞を使うと脳が反応し、自然に次の言葉が出てきます。

第6章

伝えるスキルを活かす「話し方と表現力」を身につけよう

どれほど分かりやすくシンプルに
伝えるスキルが上達しても、
そのスキルを表現するパフォーマンスが弱くては、
結果につながりません。
最後の章では、伝えるスキルをさらにアップし
人生を好転させる、話し方と表現力についてお伝えします。

01

ボソボソ・モゴモゴした話し方では伝わらない

―「伝わる」の基本はハキハキした発音から―

はっきりしない言葉でどれほど饒舌に伝えようとしても、相手には届いていないのと同じ。英語が分からない人に懸命に英語で話しかけているようなもので、はっきりと聞き取れる言葉と発音は〝伝わる〟の基本事項です。

●発音チェックをしてみよう

ここで皆さんの発音チェックをしてみましょう。

鏡を見ながら、「あ・い・う・え・お」と発音してみてください。そのとき唇や舌はどうなっているでしょうか。もしかして、「う」と「お」で唇が中央に寄ってはいませんか。

念のために唇と舌の動きに注意しながら、もう一度「あ・い・う・え・お」と発音してみてください。もし唇を中央に寄せて話しているようなら、滑舌や話し方の問題が生じやすいかもしれません。

言葉は「**アゴ・舌・表情筋・唇**」の4つの器官をバランスよく動かして作ります。私はこの4つの器官を「言葉を作る器」と総称していますが、この器がバランスよく動いて初めて、きれいな発音、相手に伝わる言葉を作ることができます。

●アゴと舌で言葉を作る

日本語の多くは、アゴと舌で言葉を作ります。特に舌を使うことは大切で、腹話術でも分かるように、アゴを閉じていても舌だけで言葉を作ることができるのです。最近は若い人ほど上下の歯を閉じて、アゴも舌も使わずに、小さな声でモゴモゴ・ボソボソと発音しているケースがとても多いです。

しっかり伝わる言葉は、**言葉を作る器の筋肉がしなやかであること、バランスよく動くこと**が基本。次の項では言葉を作る器の筋肉の鍛え方をご紹介します。

02

話すときは「ひらがな」で発音

― 姿勢が良い発音と猫背な発音 ―

皆さんは言葉にも姿勢があることをご存じでしょうか。**言葉の姿勢**とは何かということを定義するのは難しいのですが、「言葉を作る器の、バランスの良い動き」といったら理解していただきやすいでしょうか。

たとえば「美しい日本」という言葉を私たちは漢字とひらがなで認識しますが、それを人に伝えるときには、「うつくしいにほん」と、すべてをひらがなで発音します。

ひらがなは母音と子音で構成されており、アゴと舌などの言葉を作る器をバランスよく動かして、ひとつ一つの言葉を作っていきます。このときの発音が言葉の姿勢です。

一種の職業病かもしれませんが、私はテレビを見ているときなどにふと、〝この人の言葉はすこし猫背だわ〟とか、〝この人、言葉が前かがみになってる〟、〝言葉の姿勢がよく、とてもきれいな発音〟といった言葉が自然に脳裏に浮かんできて、つい〝原因は何だろう〟と考えてしまいます。

そして、〝舌の動きが弱いせいだわ〟とか、〝焦ってアゴと舌の動きのバランスが乱れたのね〟などと分析してしまいます。

●アゴと舌をしなやかにするトレーニング

先にもお伝えしたように、日本語の多くは、アゴと舌で言葉を作ります。まずはしなやかなアゴと舌のトレーニング法からご紹介しましょう。

まずアゴの硬さをチェックしてみましょう。

・声を出して「アウ　アウ　アウ」と発音し、アゴの動きをチェックしてみてください。

このときのアゴの硬さや動きを覚えておいてください。

・次に、アゴの付け根とほほ骨の下のくぼみあたりにある、押すと痛いところを探し、そこをグルグルと30回ぐらいマッサージしてください。

・マッサージが終わったら、ふたたび「アウ　アウ　アウ」と言ってみましょう。アゴの動きが軽くなっていることに気づいたらOKです。

このチェックが終わったら、〝アゴを使って発音するぞ〟と自分に言い聞かせ、自分の名前を4～5回繰り返し言ってみてください。

〝なんか話しやすい〟と感じることができたら、アゴの筋肉がほぐれ、動きやすくなった証拠です。

アゴの硬さは肩凝りと一緒なので、ときどきマッサージしてアゴをやわらかくして、しなやかな動きを保ってください。

●舌の動きをしなやかにする

次は、舌をしなやかにするトレーニングです。

・舌を裏返し、舌先を喉の方に引っ張る感じで、何度も舌先を吸ってください。これを10回ぐらい繰り返すだけで舌がやわらかくなり、舌を使った話し方ができるようになります。毎食前などに舌を吸う習慣を作ると習慣化しやすいです。なお、吸うことができず、つい啜ってしてしまう人がたまにいます。吸うことができない人は、自分の指を吸って吸う感覚を覚え、そこから始めても良いです。何度かやっているうちに必ず吸えるようになります。

●舌を使って発音する

舌がしなやかになったら、舌の動きを発音に落とし込みましょう。

・口をヨコにひらいたまま、唇を動かさず、舌先だけでゆっくり、「ラ・リ・ル・レ・ロ」と発音してください。

・自分の発音を観察しながら、口をヨコにしたまま、唇も動かさず、きれいに「ラリルレロ」が言えていると判断できたら、そのまま少しずつスピードを速めましょう。

舌が硬いとラ行やタ行、サ行が言いにくいと感じますが、そのような人も、自分が言いにくい行で何度も練習し、舌できれいに言葉が作れるよう練習してください。

その際に注意すべき点は、たったひとつ。ぜったいに唇を中央に寄せないこと。笑顔をキープして続けるようにすると良いでしょう。

03

「リズム」を意識すると話しやすくなる

―「拍を打つ」ようにリズムを整えて話そう―

口頭で何かを伝えようとするとき、人はすべての言葉をひらがなで発音しながら伝えます。

そのひらがな一文字一文字が丁寧に発音されて、耳に届いたときに相手が心地良いと感じるかどうかは、案外大事です。

よく聞き取れない言葉が届いたときに、相手が「何と言ったの？」などと聞き返してくれるのは興味があるからで、もし興味がなければ無視されてしまうでしょう。ほとんどの場合、無視されてしまうものですから、話している側は気づきません。

●拍言語の日本語だからリズムが大事

話し言葉は〝ひらがな〟で作ります。

そこで皆さんに思い出していただきたいのが、日本語は「**拍言語**」であること。拍言語とは何かというと、前にも述べたように、ひらがなの一文字一文字を一拍とカウントし、まるで拍を打つように発音して言葉を作っていく言語のことです。

たとえば「田中」は漢字の2文字で表記しますが、発音は「たなか」とひらがなの3文字で言葉にします。

また、「とうきょう」の「きょ」のような拗音や、「がっこう」の「がっ」や「せっけん」の「せっ」のような促音は一拍としてカウントしますから、「とうきょう」は4拍の言語になり、「がっこう」や「せっけん」は3拍の言語として発音します。

この3拍や4拍の一文字一文字を、拍を打つように、「た・な・か」や「と・う・きょ・う」と発音すると、きれいな言葉として相手に届きます。

なぜかというと、**〝拍〟を意識しながら話すことで文字間のリズムが整い**、自分も話しやすくなりますし、聞く側にとっても聞きやすい話し方になるからです。

次の項では、この拍を意識した発音で、文字間と文節間のリズムを整えた話し方の方法についてご紹介します。

04 リズムを整えるだけで、話しやすく聞きやすい

―文字間・文節間のリズムトレーニング法―

●文字間のリズムを整える

話すときの言葉を、拍を打つように発音することが、文字間のリズムを整えることにつながるのですが、ではそのトレーニングはどのようにすれば良いのでしょうか。

初対面のときに必ず使う言葉、「はじめまして」で練習していきましょう。

「は・じ・め・ま・し・て」を、一秒間隔で拍を打つように、何度も発音してください。

最初に1秒間隔で机などを叩いてリズムを取り、それに合わせて発音するとやりやすいです。

口角を上げ、前歯を上下に開きながら、一文字ずつしっかり発音します。何度も繰り返し練習してください。これで文字間のリズムが整いやすくなります。

●文節間のリズムを整える

文字間のリズムが整ったら、次は文節間のリズムを整えましょう。

文節とは何かというと、「ネ」で区切れるところを指します。

たとえば、「はじめまして。新田祥子と申します」という挨拶は、次のような文節で構成されています。

「はじめネ、ましてネ。新田ネ、祥子ネ、とネ、申しネ、ますネ」

はじめましては、「はじめネ、ましてネ」の2文節で構成され、新田祥子と申しますは、「新田ネ、祥子ネ、とネ、申しネ、ますネ」の5つの文節で構成されています。

ただし助詞は名刺に付随して発音することが多いので、「祥子」と「と」は一対としてカウントし、「新田ネ、祥子とネ、申しネ、ますネ」のように4文節として捉えてかまいません。

●実際に文節で話してみよう

文節が理解できたら次は、具体的に話してみる発話トレーニングです。

○○のところには、ご自分の名前を入れて発音してください。

「はじめ、まして。○○、○○と、もうし、ます」

しっかり前歯を上下に開いて、アゴと舌を使い、一文節をひとつの塊として、しっかり発音しましょう。

●社会通念の文節で話す

一文字ずつ丁寧に発音し、自分でリズムが整って発音できていると判断できたら、次は2文節をつなげて発音します。

このときも、一文字一文字を丁寧に発音することを忘れないようにしてください。

「はじめまして（トントンと2拍打ち、リズムを整える）。○○、○○と、もうします（トントンと2拍打ち、リズムを整える）。」

この発音法を何度も練習し、発音や話し方がこれまでと明らかに変わったと思えたらOKです。

●音読で文節で話すことを習慣化しよう

脳は命の危険を感じることは一回で記憶しますが、命にかかわらないことはなかなか覚えてくれません。そのため、文字間と文節間のリズムを整えた1日1分の音読はおすすめです。

その際の注意点としては、次の3点です。

①　文章を文節で区切り、最初は一文節で読んでみる。

②　慣れてきたら、二文節、三文節の社会通念の文節で読み上げる。

③　読み上げるときは、アゴと舌、文字間・文節間のリズムを意識する。

ぜひ毎日実践して、文節で話す習慣を作ってください。

05 説得力を高めるポイントは「間」にあり

―「間」がない話はとても聞きにくい―

話すのが苦手という人に、「では、あなたが理想とする話し方は、どのような話し方ですか」と質問すると、きまって「スラスラ話せることです」と答えます。そこでさらに、「スラスラとは、どういう話し方ですか」と質問すると、ほとんどの人が返答につまります。

意地悪で質問しているわけではなく、理想とする話し方を現実的にイメージしてほしいためにしている質問なのですが、ほとんどの方が「なんとなく」のイメージで理想とする話し方を捉えています。

さて、私が理想とする話し方を具体的に言えば、①言葉の姿勢が良いこと、②間が取れていること、③少しの可笑しみがあること、の3つです。

ひとつ目の「言葉の姿勢が良い」とは、**文字間と文節間のリズムが整っていて、ひとつ一つのひらがながしっかり相手に届くこと**です。そこに、安心感や信頼感を与えるような声が重なるとさらに良いですね。

●間で聞いている人をコントロールする

ふたつ目の、「間」とは、**聞いている人が内容を整理する時間のこと**です。

間はスピーチやプレゼンだけでなく、人間関係などでもとても大事で、間の取り方次第で、相手を不安にしたり不快にしたりできる、人のコントロールツールでもあるのです。

たとえば、相手に立ち入る隙を与えたくないときなどは、間をいっさい取らずに怒涛の勢いで話し続けます。

反対に、もっとこちらに引きつけたいときは、たっぷり間をとってじゅうぶんに引きつけてから話を始めます。

一般的には句点「。」のあとに1秒前後の間が理想ですが、聞き手をこちらに引きつけたいときは5秒から7秒ぐらいの間を取るようにすると、効果的です。

●可笑しみで聞く人との距離を縮める

みっつ目の少しの「可笑しみ」とは何かというと、あまりに完璧すぎると聞く側も疲れますので、**フッと息抜きができるような瞬間のこと**を指します。

具体的に説明するのが難しいのですが、難解なことを研究している人がよく笑うにこやかな人であるとか、いかめしい顔つきの人が笑顔になると可愛いとか、本人の印象と現実の好転的なギャップのようなもの、それが可笑しみであるといえば理解しやすいでしょうか。

この可笑しみが聞く人に親近感を与え、聞こうとする姿勢につながると考えるので、多少の失敗はあまり気にせず話すようにしています。

06

侮れない、見た目とパフォーマンスの効果

―洋服・姿勢・表情・視線・手で効果的に演出―

人は言葉よりも自分が目で見たことを信じるもの。表情やしぐさなど非言語によるコミュニケーションは、ときに言葉以上の存在感を発揮します。

世界的な著名人によるプレゼンテーション番組のＴＥＤ Ｔａｌｋｓというのを面白く見ていましたが、さすがに登場する人物はファッションをはじめ、表情やしぐさやジョークなどとても洗練されていて魅了されます。

日本人が国内であそこまで演出したら、はたして受け入れられるだろうかという疑問は残りますが、せめて表情やしぐさなどのパフォーマンスは取り入れてもいいのではないかと思います。

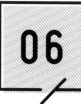

●パフォーマンスは美しい立ち姿から

具体的にどのようなパフォーマンスから取り入れていけば良いのか。まずは美しい立ち姿を作りましょう。

両肩を開き、胃を垂直にする感覚で腰と背筋を伸ばしましょう。美しい姿勢での立ち姿が、よりパフォーマンス効果を高めてくれます。

猫背で姿勢が悪くては、どのようなパフォーマンスをしても好印象にはなりません。洋服も着るというよりは着られてしまうだろうと思います。

●手やアイコンタクトでも自己表現

その次に取り入れやすいのは、手や腕を使ったパフォーマンスですね。

両腕を大袈裟なほど開いたり、胸の前で両手を組んだりおにぎりを握るように手を組み替えることから始めれば、簡単に取り入れることができそうです。

次におすすめしたいのは、ひとり一人にアイコンタクトを取るパフォーマンスです。

ただ視線を送るだけでなく、アイコンタクトを取りながら身を乗り出し語りかけるしぐさは、相手の承認欲求を満たし好印象で伝わるはずです。

印象の90%は見た目で決まるというメラビアンの法則があるように、人は耳で聞いた情報よりも、自分の目で見た情報を信じるようにできています。

〃しっかり伝わる〃を実現し、自分をさらに魅力的にアピールするためにも、パフォーマンスによる自己表現、ぜひ取り入れてセルフプロデュースしましょう。

07 声のトラブル、原因と対処法2つ

―声は声帯に息を吹きかけて出す音―

声が震える、声が出にくいなど、声のトラブルはあがり症の人にとっても大きな悩みとなります。
ここでは代表的な声のトラブルの原因と対処法について、ご紹介します。

【ケース1】 声が小さい

●日頃から呼吸が浅い可能性が

声が小さいという悩みは、多くの人が持っています。一人暮らしで日頃から声を出す機会が少ない、家庭でも職場でも小さな声でしか話さない、など原因はひとり

一人異なります。

しかし声が小さい人全員に共通しているのは、「呼気」が弱いこと。声を出すためには全身の筋肉、特に腹部の筋肉を多く使います。そのため、腹部の筋肉が弱いと呼気も弱くなります。また、呼気が弱いとどうしても声が小さくなり、小さい声がさらに呼気を弱くするという悪循環を作ります。

改善法としておすすめなのは、深呼吸です。

大きくたっぷり息を吸って、ゆっくり息を吐きだす。これを一回3セット、一日に3回繰り返しましょう。それだけで息を吐いて吸う力が強くなります。

もちろん日頃から意識して大きな声を出すことも忘れずに。

●呼気を強くするトレーニング

次に紹介するのは、瞬間的に呼気を強くして大きな声を出す方法です。

①　ティッシュペーパーを4つに折り、てのひらにのせる。
②　口を少し開いて、ティッシュがのったてのひらで口を塞ぎ、息ができない状態を作る。
③　喉を開いて、できるだけ低い声で「ウッ！」と唸るように5回ぐらい声を出す。吐くときをイメージするとやりやすいかもしれません。「ウッ！」と言っているときに、下腹が微かに動いていることが理想的。
④　ティッシュを外して、自分の名前を言って、声が出やすくなっていることを確認する。

③までは器官を鍛えるトレーニングですが、④で自分の名前を言うことが、実際に話すときの声の出し方のトレーニングにつながります。

【ケース2】　話の途中で息苦しくなる

●息を止めて話しているかも

話している途中から息苦しくなり、声が出にくい。このようなケースの場合、主な原因として考えられるのが、息継ぎが不安定で息苦しくなる人と、息を止めて話しているために息苦しくなる、という2つの理由が考えられます。

息継ぎが不安定な場合は、ほとんどの人が文節を意識して話すことで改善できます。172ページからを参考に、文節で話す練習をしてみてください。

また、息を止めて話しているケースで多いのが、学生時代などにスポーツをやっていた人です。

たとえばボールを打つ瞬間や技をかける瞬間に息を止めていた経験が、緊張する場面になるとつい力が入って息を止めてしまい、声が出にくくなるということがあります。

このほかデスクワークでも、集中するあまりつい息を止めて仕事をしている場合もあります。

●息を吐きながら言葉を作る「ハヒフヘホ発声法」

息を止めて話してしまう人におすすめな改善法は、「ハヒフヘホ発声法」です。ハヒフヘホ以外の母音・子音は息を止めた状態でも言葉にできますが、「はひふへほ」だけは、息を吐かないと言葉にできません。

少し息を吸ってから、「はひふへほ」と声を出して言ってみてください。「はひふへほ」と一気に言えない人は、「は・ひ・ふ・へ・ほ」と一文字ずつ丁寧に発音し、息を吐きながら言葉にする習慣を作ると良いでしょう。

なお、トレーニング終了後には、「ハヒフヘホ音読」がおすすめです。新聞や雑誌を読むとき、5〜6行を目で追いながら、「ハヒ、ハヒフ、ハヒフヘホ」と発声したのち、声に出して新聞や雑誌を読み上げるだけでOKです。

この音読を毎日するだけで声の出方が違ってきますので、新聞を読むついでのハヒフヘホ音読、ぜひ継続してみてください。

08

話している途中で緊張してきたときの対処法5つ

―ドキドキや身体や声の震えは脳からの指令―

あがり症と話し方の専門家として活動している私の理論の基本は、「**脳が安心すればあがらない**」というものです。

これは、脳が安心すれば交感神経が優位にならず、結果としてドキドキや震えなどの身体症状は起こらない。つまり、身体症状は交感神経が優位になり筋肉や血管が収縮するために起こる症状であるという理論に基づくものです。（詳細については拙著『心臓がドキドキせずあがらずに話せる本』、または『人前であがらずに話せる100の法則』を参照ください）

さて、話している途中でドキドキし、声が震えそうになった経験は多くの人がしていると思います。この経験がきっかけであがり症になる人もいますから、ここではあがってきたときの対処法をご紹介します。

対処法1：**ドキドキしてきたら「発音のリズム」を整える**

ドキドキしてきたら、頭の中で「イチ、ニ」と数えて緊張に向く意識の方向を変え、ゆっくり話すようにしてリズムを整えましょう。

そして、一文字ずつ丁寧に発音しながら、心の中で、「落ち着いて」などの言葉をかけて、脳を安心させてください。

このときの脳は興奮状態にあり、交感神経が優位になっていますから、決して早口では話さないこと。

数を数えることとゆっくり話すことが、脳を安心させるポイントです。

対処法2：**声が震えてきたと思ったら「下品な咳払い」**

声が震えてきたと思ったら、できるだけ低めのトーンで、下品な咳払いを2～3回してください。それだけで咽喉が開き、大きな声が出やすくなります。

もともと声は声帯に息を吹きかけて出す音なので、震えはある意味ビブラート。

大きめの声を出すだけで震えなくなります。

対処法3：**頭がまっ白になったら「視神経」を使う**

頭がまっ白になったら視神経を使いましょう。

人の頭や床、机を見ながら、〝落ち着いて〟や〝大丈夫〟などの言葉をかけて、脳を安心させてください。視神経は脳内神経の80％とつながっていますので、視神経を使うことはとても有効です。

ただし、天井や遠くの壁は見ないこと。脳は空間の広さからも不安感を強くしますので、できるだけ近くの床や机を見るようにしましょう。

対処法4：**足がガクガクしてきたら「太ももとお尻をギュッ」**

筋肉の70％が下半身に集中しているため、緊張すると足がガクガクしてしまうことはよくあります。このようなときは筋弛緩法で下半身をリラックスさせましょう。お尻と太ももに力を入れてギュッとし、20秒ぐらいしたら解放してください。この弛緩と緩和を4～5回繰り返すことで、足のガクガクがなくなると思います。

09

オンラインやマスクで話すときの注意点3つ

―スピードと声のボリュームに気をつけて―

コロナ禍の中マスク生活が当たり前になっていますが、マスクをしながらコミュニケーションを取るときに注意したい点をご紹介します。

対処法1：**いつもよりハッキリ発音しゆっくり話す**

オンラインで話すときやマスクをつけたまま話すときは、言葉が聞き取りにくくなります。いつもよりもハッキリと発音し、ゆっくり話すように心がけてください。

直接対面して話すときのスピードで話していると、早口すぎて相手は聞き取ることができません。特にオンラインの場合などは、通常のスピードだとほとんど聞き取れません。口をいつも以上に開き、ひらがな一文字一文字を丁寧に発音するイメージで話すと、聞く側にとっては聞きやすい伝え方になります。

対処法2：**声はやや大きめに**

対人場面では70㎝の距離での声の出し方をしてきましたが、オンラインやマスクの場合は、普段よりも大きめの声で話しましょう。

人は自分の声の80%を内耳で聞くため、どんな小さな声でも自分の声ははっきり聞き取ることができます。

しかし自分以外の人には、100%空気を振動させて声を届けます。オンラインの場合は機械を通すので、少しうるさいぐらいの声を出すと良いでしょう。

対処法3：**目や身体で気持ちを伝える**

人は表情で相手の気持ちや感情を判断することが多いものです。マスクやオンラインで表情が分かりにくいときは、口調に気をつけながら、目や身体を使ったパフォーマンスでも気持ちや考えを伝える努力をしましょう。

目が笑っていれば嬉しい気持ちが伝わります。厳しい目つきをすれば怒っていることが伝わります。感謝や励ましを伝え合うときも、ガッツポーズでエールを伝えたり、パフォーマンスでも表現すると、ギスギスしやすい環境に潤いが生まれます。

第6章 まとめ

01 「伝わる」の基本はハキハキした発音から

言葉は「アゴ・舌・唇・表情筋」の4つの器官を使って作ります。あなたの発音がきれいな言葉として届いているかどうか、チェックしてみましょう。

02 姿勢が良い発音と猫背な発音

言葉で何かを伝えるときはすべて「ひらがな」。
アゴと舌の動きをしなやかにし、姿勢がよくきれいな発音を心がけましょう。

03 拍を打つようにリズムを整えて話そう

拍言語の日本語は、一つひとつの言葉を拍を打つように発音するとリズムが整い、自分は話しやすく、聞く人にとっては聞きやすい言葉になります。

04 文字間と文節間のリズムを整えよう

文字と文節の間のリズムを整えることで、話しやすく、聞く人にとっても聞きやすくなります。1日1分の音読で、リズムを整えて話す習慣をつけましょう。

05 「間」がない話は聞きにくい

「間」とは、聞いている人が内容を整理する時間のこと。間は自分のためではなく、聞いている人のためにあるもの。怖がらず間を取るようにしましょう。

06 侮れないパフォーマンスの効果

人は90%以上を見た目で判断しています。堂々として自信に満ちた自分を表現するためにも、目に見える形で自分を演出しましょう。

07 声のトラブルの原因と対処法

話しているときに声が震える人や息苦しくなる人の中には、息を止めて話していることが原因のことも。トレーニングや発声法で改善できます。

08 ドキドキや震えは脳からの指令

あがるのは脳が防衛的になって、不安感情を強くしたため。脳を安心させれば交感神経が優位にならず、ドキドキなどの身体症状も起こりません。

09 オンラインやマスクで話すとき

いつもよりゆっくりハキハキと大きな声で話すようにしましょう。またマスクで表情が見えないため、目で気持ちを伝えることを心がけましょう。

おわりに

最後まで本書をお読みいただき、ありがとうございます。

「伝え方が変わると、人生が変わる」

大袈裟ではなく、心からそのように思います。これまで話し方やあがり症の悩みを抱えるたくさんの人と関わり、劇的な変化をたくさん見てきた経験から、自信を持ってこの言葉をお伝えできます。

問題が解決できたときに一番変わるところ、皆さんはどこだと思いますか。話し方もそうですが、実は、お顔なのです。

個人的には、顔は脳を映す鏡だと思っているのですが、長い間の悩みが解決できたことによる安心感や解放感が、すぐに表情に表れるのです。

そして、安心感はやがて自信に変わり、自信は姿勢や態度からも伝わってきて、職場で堂々と話せていることやイキイキと仕事に取り組めていることが分かったときは、この仕事に就いていることの喜びを心から感じます。

思い返すと、人と話すことも人前で話すことも苦手で、フリーで仕事をするという道を選んだ私が、実はずっとコミュニケーション（＝情報伝達）という分野で仕事をしてきたのです。執筆中にそのことに改めて気づかされました。

当初は新聞や雑誌の活字で情報を伝え、話し方教室を開いてからは活字と言葉で、あがり症や話し方の問題を含めメンタルに関する情報を伝え、いつの間にか人と話すことも人前で話すことも苦手ではなくなっていました。

本書を手に取ってくださったあなたも、書かれていることを行動に移し実践していく中で、きっと自分の中の変化や発見に気づいていただけると思います。

継続して実践していただくためにも、本書を一度読んで終わりにするのではなく、ぜひ手元に置いて、迷ったときや困ったときなどに折に触れて読み返すようになさってください。

新しい習慣を作るには時間がかかりますが、何度も繰り返して実践することで、必ず新しい伝え方の習慣が作られます。

最後にもう一度、
伝え方が変わると人生が変わります。
本書が、皆さまのお役に立ちますよう、心から願います。

2021年3月吉日
新田祥子

■著者略歴

新田祥子（にった・しょうこ）

エグゼクティブコミュニケーションカウンセラー。
大学院修士人間科学修了。東京認知行動療法アカデミー研修上級修了。
一般社団法人 SAD 社交不安障害対策協会理事長。
話し方教室セルフコンフィデンス主宰。

大学卒業後、編集者兼フリーランスのライターとしてリクルート他で活躍。2004 年 6 月、あがり症と論理的な話し方に特化した話し方教室セルフコンフィデンスを開設。あがり症は話し方の問題ではなく脳の機能の問題であることや、場数や慣れでは解決できないことを提唱。人間科学と認知行動療法に基づく科学的な理論を背景に、最初のスピーチからドキドキせずに話せる指導法を開発。あがり症や話し方に関する商法登録も多く、あがり症を根本から解決できる教室として定評がある。
著書に、『もうだいじょうぶ！心臓がドキドキせずあがらずに話せるようになる本』『「思っていてもなかなか言えない」が一瞬で変わる本』（以上、明日香出版社）、『人前であがらずに話せる 100 の法則』『練習 15 分論理力トレーニング教室』『好かれる人の会話の法則』（以上、日本能率協会マネジメントセンター）他がある。

本書の内容に関するお問い合わせは弊社 HP からお願いいたします。

言《い》いたいことは 1 分《ぷん》にまとめなさい

2021 年　3 月　28 日　　初 版 発 行

著　者　新《にっ》 田《た》 祥《しょう》 子《こ》
発行者　石　野　栄　一

明日香出版社

〒112-0005 東京都文京区水道 2-11-5
電話 (03) 5395-7650（代 表）
(03) 5395-7654（FAX）
郵便振替 00150-6-183481
https://www.asuka-g.co.jp

■スタッフ■　BP 事業部　久松圭祐／藤田知子／藤本さやか／田中裕也／朝倉優梨奈／竹中初音
BS 事業部　渡辺久夫／奥本達哉／横尾一樹／関山美保子

印刷　美研プリンティング株式会社
製本　根本製本株式会社
ISBN 978-4-7569-2135-2 C0036

編集担当　朝倉優梨奈

ISBN 978-4-7569-1671-6

もうだいじょうぶ！
心臓がドキドキせず あがらずに
話せるようになる本

新田 祥子著

B6並製　224ページ
本体価格　1,400円＋税

緊張は、話し方教室に行けば、場数を踏めば改善されると言いますが、本当はそうではありません。

あがりは病気の一種です。でももうだいじょうぶ！

この本は脳科学に裏付けされた実践的メソッドで、あなたのあがり症を根本から克服していきます。

ISBN　978-4-7569-1998-4

即効！成果が上がる
文章の技術

尾藤 克之著

B6並製　240ページ
本体価格　1,400円＋税

「文章を書く」となると、時間ばかりかかってしまい、何を書けばいいのか、どうやって書けば影響力がある文章を書けるのか、悩む人は多いもの。

本書では、すばやく仕事の成果に直結する文章の技術を紹介。図解形式でわかりやすく解説します。

ISBN　978-4-7569-2014-0

文章が劇的にウマくなる「接続詞」

山口 拓朗著

B6並製　216ページ
本体価格　1,500円＋税

接続詞が上手に使えないと文章につながりが出ません。逆に言えば、この「渡し船」の使い方がうまくなるだけで、その人が書く文章は驚くほど上達します。本書は、接続詞を上手に使いこなし、読みやすい文章が作れるようになるための指南書です。